POEMAS PARA ALMAS TORTURADAS

Título original: *Poems for Tortured Souls*
Traducción del inglés: Vanesa Fusco
Edición revisada y adaptada

Primera edición: noviembre de 2024

Recopilación, introducciones y biografías: © 2024, Hodder & Stoughton
Limited
Ilustración de la portada: © 2024, Thy Bui / Hodder & Stoughton Limited
Ilustraciones de interior: © Shutterstock

© 2024, VR Europa, un sello de Editorial Entremares, S.L.
C/ Balmes 188, 08006 Barcelona - www.vreuropa.es

Publicado por primera vez en Gran Bretaña en 2024 por Hodder & Stoughton
Todos los derechos reservados

ISBN: 978-84-19873-67-5
Depósito legal: B 16.418-2024

Impreso por Estellaprint
Impreso en España / Printed in *Spain*

Este libro se ha impreso en papel procedente de bosques gestionados de forma
sostenible y que ha seguido un proceso de fabricación totalmente libre de cloro.

POEMAS PARA ALMAS TORTURADAS

Liz Ison

Traducción de Vanesa Fusco

EUROPA

Índice

Queridos lectores:

Al escribir canciones, letras y poesía, podemos comprender mejor qué estamos sintiendo y liberar nuestra creatividad. Quizás en eso pensaba Taylor Swift cuando dijo que, para ella, la música era como oxígeno. En momentos intensos, muchos nos refugiamos en nuestros artistas preferidos, o poetas, para tratar de encontrar las palabras o ideas que no somos capaces de expresar.

Estos poemas se han seleccionado con esa misma intención: están pensados para aquellos momentos fuertes, en los que buscamos las palabras para darles sentido a nuestras experiencias o en los que buscamos generar una conexión. Estos poemas han llegado a vuestras manos desde distintos puntos del mundo y el tiempo: desde Inglaterra hasta Nueva Inglaterra, y desde cientos de años de historia. Pero más allá de dónde y cuándo se hayan creado, las palabras de estos poemas resuenan aquí y ahora. Quizás hasta sea la inspiración que necesitáis para escribir poesía y canciones propias.

Poemas para almas torturadas habita un espacio en el que colisionan el mundo interior y el exterior, y describe la paradoja de las relaciones que hace que sintamos una profunda soledad. Estos poetas torturados cuentan experiencias individuales, pero también universales, y que exploran las conexiones entre el pasado, el presente y un futuro incierto.

Reposamos unos segundos en las fronteras: en evocadores paisajes sonoros de emociones complejas, creados a partir de historias surgidas de nuestra imaginación colectiva.

Os invito a explorar las distintas eras de la poesía atormentada: folklore, amor, pena, venganza y paz; y a encontrar paz con estos versos eternos, algunos escritos por los poetas a los que Taylor ha hecho referencia en sus propias canciones. Como anticipó en su *Preludio* William Wordsworth, uno de los poetas lakistas, ¡os deseo «las virtudes de la celeridad, la sutileza y la fuerza»!

Con cariño y sin miedo,

Liz Ison

Folklore

Las historias y creencias tradicionales compartidas entre los integrantes de una comunidad y transmitidas oralmente a lo largo de muchas generaciones.

El folklore de nuestra cultura se ha transmitido a través de canciones tradicionales durante siglos.

«Historias, historias maravillosas»

James Elroy Flecker

Del prólogo de THE GOLDEN JOURNEY TO
SAMARKAND

Aquellos que con canciones cautivamos tu peregrinaje
  y juramos que la belleza vive aunque los lirios mueran,
los poetas del orgulloso y antiguo linaje
  que cantamos para tu corazón con causa ciega…

¿Qué podemos contarte? Historias, historias maravillosas
  de barcos y estrellas, de islas donde yacen los buenos,
donde nunca se apaga el ocaso de tintes rosas
  y hacia el oeste avanzan las sombras y los vientos.

Y allí los primeros grandes reyes de barba blanca,
  dormidos en el gris de los claros, murmuran en sueños,
y la hiedra con fuerza en su pecho se estanca,
  surcando su camino, rojo y hondo, con empeño.

Oda
Arthur O'Shaughnessy

Fragmento

Somos los que hacen la música,
    y somos los que sueñan los sueños,
de pie ante una oleada mustia,
    sentados ante un arroyo desierto;
los que al mundo dimos renuncia,
    a quienes la luna alumbra de lejos:
pero somos los que al final dan vida
    por siempre a este mundo que es nuestro.

Canción de las hadas

Louisa May Alcott

La luna se esfuma del árbol en flor,
las estrellas de a una se apagan;
el cuento narramos, el canto entonamos,
el festín de las hadas se acaba.
El viento nocturno hamaca las flores,
dulce y suave se pone a cantar;
las aves del alba muy pronto despiertan,
ya los elfos se han de marchar.

Por la tierra que duerme pasamos silentes,
invisibles al ojo mortal;
dulces sueños soplamos, ligeros flotamos
por un cielo de luna ideal.
Porque las que nos ven solo son las estrellas
y las flores que dulces contemplan
los festines que hacemos, los cuentos contados;
adiós, elfos, se acaba la fiesta.

De todas las aves, retoños y abejas
aprendemos lo que nos enseñan,
y buscamos con pura bondad y buen grado
la amistad y el cariño que prestan.
Y aunque nadie nos vea vivir en la tierra,
unas voces susurran muy suaves,
y amorosas saludan, alegres y tiernas,
a los elfos donde sea que pasen.

De regreso a la magia de bella Feéra,
que la luz de la luna nos tiña
los rostros de goce, deleite, sonrisas,
y el alma de sentida dicha.
Ahora abran las alas, pues pronto del este
el sol estará por brillar.
La estrella del alba nos brinda su guía,
pues los elfos se han de marchar.

La aparición

Herman Melville

(Retrospectiva)

Tras un temblor profundo, donde el campo
    dormido estaba entre pasturas verdes,
se levantó ominosa una montaña
(lo que engañó sentidos asustados),
    con cañada de escoria y roca ardiente.

En ella había virulencia y mal,
    la lava dura en su última morada,
pero antes de que el ojo la viera
o que la mente entenderla pudiera,
    pues ¡se hundió!... por debajo de los pies.

Entonces, fue solidez hecha corteza;
    el corazón de fuego en lo profundo.
Tal vez todo esté bien por muchos años,
pero ¿quién va a pensar sin tener miedo
    de los horrores súbitos que ocurren?

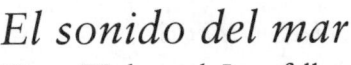

El sonido del mar
Henry Wadsworth Longfellow

Se despertó el mar de su sueño a medianoche,
    y a lo largo y a lo ancho de las playas de grava
    oí la primera ola de la marea alta
    arremeter con fuerza y un empuje incesante.
Es una voz salida del silencio profundo,
    un sonido que tañe enigmáticamente
    como una cascada que mana de un gran cerro,
    o el rugido del viento por un bosque empinado.
Así nos llegan a veces, provenientes de extrañas
    y por demás distantes soledades del ser,
    la embestida de olas y mareas del alma.
Y las inspiraciones, que vemos como propias,
    son premoniciones y presagios divinos
    de cosas más allá de todo control y razón.

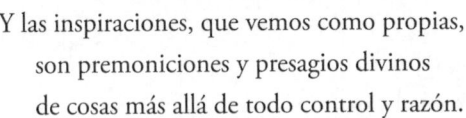

A la luz del sol una barca

Lewis Carroll

A la luz del sol una barca,
lánguida marca su rumbo,
indolente al verano avanza.

Cerca tres niñas se acomodan,
el ojo atento y la oreja pronta
para oír una historia corta.

Lejos quedó el sol del cielo;
ecos se van con los recuerdos;
al otoño sucumbe el tiempo.

Sigue vagando, cual espectro,
Alicia un momento en el cielo,
nunca vista por ojos despiertos.

Cerca de oír la historia ahora,
el ojo atento y la oreja pronta,
las niñas solas se acomodan.

Imaginan las maravillas
de puro ensueño cada día,
de puro ensueño y fantasías.

En la barca, arroyo abajo,
lánguida ante el sol pintado,
la vida, ¿no es algo soñado?

Desconocido por el mundo

George Eliot

Fragmento adaptado de la novela **FELIX HOLT, THE RADICAL**

Los poetas nos han hablado
de un bosque encantado y desgarrador
en el inframundo.

Los espinos que allí moran,
y los tallos de corteza gruesa,
llevan ocultas historias humanas;

el poder de los gritos no pronunciados
vive en las ramas de aparente apatía,

y la tibia sangre roja alimenta en la oscuridad
los nervios temblorosos de una memoria insomne
que observa todos los sueños.

Estas cosas son una parábola.

Solo

Edgar Allan Poe

Desde el tiempo de mi niñez no he sido
como los otros eran; no he visto
como los otros veían; no pude despertar
mi pasión por una común primavera.
De la misma fuente no he tomado
mi pena; no conseguí en mi corazón
despertar alegría en el mismo tono;
y lo que me gustó, me gustó a *mí* solo.
Después, en mi niñez, en los albores
de una vida tormentosa, se extrajo
de cada profundidad del bien y el mal
el misterio que aún me tiene atado.
Desde el torrente o el manantial;
desde el abismo rojo de la montaña;
desde el sol que a mi alrededor giraba
en sus tintes dorados de otoño;
desde el relámpago en el cielo
que volando pasó por encima;
desde el trueno y la tormenta,
y la nube que tomó la forma
(con el resto del Cielo celeste)
de un demonio ante mi vista.

El niño robado
W. B. Yeats

Donde las colinas rocosas
en el lago del bosque acaban,
se encuentra una isla boscosa
donde el aleteo de las garzas
despierta a las ratas de agua;
allí escondimos muy cautas
los cubos de bayas repletos
de frutos robados a cerezos.
¡Vamos, ven, criaturita humana!
Ven al bosque y al agua lejana.
Toma, ten esta mano de hada,
que aquí más penas te esperan de las que entender pudieras.

Cuando la luna en lo alto llena
de luz el gris de las arenas,
de cara a los Rosses lejanos
la noche entera caminamos,
al compás de las antiguas danzas,
cruzando manos y miradas
hasta que se alza la luna en vuelo;
brincamos de punta a punta
detrás de burbujas de espuma,
mientras el mundo se atribula
y en sueños se preocupa.
¡Vamos, ven, criaturita humana!
Ven al bosque y al agua lejana.
Toma, ten esta mano de hada,

que aquí más penas te esperan de las que entender pudieras.

Donde brota el agua errante
de las colinas del Glen-Car,
entre juncos forman estanques
que ni una estrella han de bañar,
buscamos a truchas dormidas
y en sus oídos susurrando
les damos sueños revoltosos
asomándonos por encima
de helechos que están llorando
sobre los jóvenes arroyos.
¡Vamos, ven, criaturita humana!
Ven al bosque y al agua lejana.
Toma, ten esta mano de hada,
que aquí más penas te esperan de las que entender pudieras.

Con nosotros él ya se ha ido,
el de ojos solemnes:
no va a oír más los mugidos
ni en el monte los terneros alegres
ni la tetera en el fogón
cantarle una paz en el pecho,
ni verá brincar al ratón
por el cajón de avena viejo.
¡Vino la criaturita humana!
Vino al bosque y al agua lejana.
Él tomó esta mano de hada,
que aquí más penas le esperan de las que entender pudiera.

«Mi amor por la libertad»
Phillis Wheatley

Fragmento de **To the Right Honourable William, Earl of Dartmouth**

Mi señor, si al leer mi canción con afán,
se pregunta por qué yo amo la libertad,
por qué tengo estos deseos por el bien común
que solo entienden un corazón con virtud.
Yo, joven en la vida, por cruel destino,
fui arrancada de África, mi hogar divino:
¡qué dolores atroces habrán de sufrir,
qué penas a mis padres han de afligir!
Acorazada está el alma, de emoción despojada,
la de un padre separado de su bebé amada:
tal, tal es mi caso. ¿Y no puedo yo rogar
que otros no sientan la tiranía jamás?

¡Hablo del norte! Un páramo remoto

Charlotte Brontë

¡Hablo del norte! Un páramo remoto
crece oscuro, sin senderos, silente;
las olas de un arroyo caudaloso
avanzan por su hondonada silvestre.

De honda quietud el aire del ocaso,
inerte el paisaje; eso creemos
hasta que, cual espectro que se abre paso,
se inclina a beber del arroyo un ciervo.

Y lejos, una zona montañosa,
donde yace una cubierta de nieve,
y una estrella, grande, sola, sedosa,
callada en el cielo resplandece.

La hiedra verde
Charles Dickens

¡Delicada planta es la hiedra verde,
que trepa por ruinas añejas!
Exquisitas sus comidas parecen,
en su celda fría y desierta.
El muro debe estar hecho pedazos
para su antojo delicado;
y el polvo putrefacto de los años
es un gran festín de su agrado.

    Trepa por donde todo es muerte,
    planta única es la hiedra verde.

Veloz y muda avanza aunque no vuela,
con devoto corazón viejo.
¡Qué fuerte se enreda, cómo se aferra,
a su amigo el roble inmenso!
Y pícara se arrastra por el suelo,
y sus hojas con calma mueve,
mientras alegre se abraza y se enrosca
al moho que tumbas envuelve.

    Trepa por donde pasó la muerte,
    planta única es la hiedra verde.

Eras se han ido, sus obras caído,
y naciones se han dispersado;
robusta la antigua hiedra ha yacido
con su intenso verde intacto.
La valiente planta tan solitaria
se alimenta con el pasado:
pues aunque una obra sea extraordinaria,
con la hiedra habrá terminado.

      Trepa por donde el tiempo no vuelve,
      planta única es la hiedra verde.

«El bote robado»

William Wordsworth

Fragmento de **THE PRELUDE, Libro 1** (versión de 1850)

Una tarde de verano (guiado por ella) encontré
un pequeño bote atado a un sauce,
dentro de una ensenada rocosa, su hogar habitual.
Sin tardar solté su cadena, y al subirme
empujé desde la orilla. Fue un acto de sigilo
y placer inquieto, y no sin la voz
de los ecos de la montaña avanzó mi bote,
dejando tras de sí, a ambos lados,
círculos pequeños brillando serenos bajo la luna,
hasta que se fundieron todos en una senda
de luz centelleante. Pero ahora, como quien rema
orgulloso de su destreza, para alcanzar un punto
con una línea inquebrantable, fijé mi vista
en la cima de una cresta escarpada,
el límite más lejano del horizonte; arriba
no había más que las estrellas y el cielo gris.
Era una pequeña barcaza élfica; con vigor
hundí mis remos en el lago silencioso,
y, al elevarme con cada golpe, el bote
se deslizaba por el agua como un cisne;

cuando, tras la cuesta escarpada, hasta entonces
borde del horizonte, un enorme pico, negro y enorme,
como con un poder voluntario instintivo,
asomó la cabeza. Remé y remé de nuevo,
y creciendo aún en estatura la sombría figura
se alzaba entre mí y las estrellas, y aún,
así parecía, con un propósito propio
y movimiento medido cual ser viviente,
avanzó tras de mí. Con remos temblorosos giré,
y a través del agua calma me escabullí
de regreso al refugio del sauce;
allí en su lugar de amarre dejé mi barcaza,
y a través de los prados volví a casa, en un grave
y serio estado de ánimo; pero después de haber visto
ese espectáculo, durante muchos días, mi mente
obró con una sensación lúgubre e indeterminada
de seres desconocidos; sobre mis pensamientos
se cernía una oscuridad, fuera soledad
o abandono vacío. No quedaron formas familiares,
ni imágenes amenas de árboles,
de mar ni cielo, ni colores de campos verdes;
sino formas enormes e imponentes que no vivían
como hombres vivos, merodeaban por mi mente
durante el día, y de noche atribulaban mis sueños.

Kubla Khan
Samuel Taylor Coleridge

O una visión en un sueño. Fragmento.

En Xanadú, Kubla Khan
hizo construir un majestuoso palacio de deleites:
donde el Alfeo, el río sagrado, corría
por cavernas inconmensurables para el hombre
    hasta un mar sin sol.
Así, diez millas de tierra fértil
con muros y torres estaban rodeadas;
y había jardines vibrantes con arroyuelos sinuosos,
donde florecían cuantiosos árboles de incienso;
y había bosques antiguos como las colinas,
que abrazaban claros de verdor bañados por el sol.

Pero ¡ah! ese profundo abismo romántico que sesgaba
la verde colina a través de un manto de cedros,
¡qué lugar agreste! tan bendito y encantado
como si bajo una luna menguante fuera acechado
por una mujer que clama por su amado demonio.
Y de ese abismo, con incesante convulsión hirviente,
como si esta tierra respirara con jadeos rápidos y pesados,
un poderoso manantial brotó al instante:
en medio de cuyo veloz estallido repentino,
enormes fragmentos se dispararon como granizo,
o como granos bajo el mayal del trillador:
y entre las rocas danzantes de pronto
salió a borbotones el río sagrado.
Cinco millas serpenteando como en un laberinto,
por el bosque y el valle el río sagrado corrió,
hasta las cavernas inconmensurables para el hombre,
donde se hundió en un tumulto hacia un océano sin vida;
¡y en medio de ese tumulto Kubla escuchó de lejos
voces ancestrales que profetizaban la guerra!

La sombra del palacio de deleites
flotaba en mitad de las olas;
donde se escuchaban los compases
del manantial y las cavernas.
Era un milagro de singular diseño,
¡un soleado palacio de deleites con cavernas de hielo!

Una doncella con un dulcémele
en una visión vi una vez:
era una doncella abisinia,
que en su dulcémele tocaba
y cantaba acerca del monte Abora.
Si pudiera revivir dentro de mí
su sinfonía y su canción,
a tal profundo deleite me llevaría,
que con música fuerte y perdurable,

yo construiría ese palacio en el aire,
¡ese palacio soleado! ¡Esas cavernas de hielo!
Y todos los que la escucharan lo verían allí,
y todos gritarían: ¡cuidado, cuidado!
¡Sus ojos refulgen, su cabello flota!
Tracen un círculo a su alrededor tres veces,
y cierren los ojos con bendito temor
porque él ha comido rocío de miel
y bebido la leche del Paraíso.

El mercado de los sábados
Charlotte Mew

Entierra tu corazón en un hueco verde y hondo
    o bien ocúltalo sobre un árbol viejo y gentil;
o mejor, puedes dárselo a la golondrina
    cuando pase al vuelo por encima del mar.

En el mercado de los sábados hay huevos por doquier
    y patos muertos-vivos amarrados bocabajo,
ancianos que peinan canas y chicos de veinte,
    las niñas y las señoras del pueblo también,
cántaros y golosinas, moños y lazos,
    ramilletes y fustas y alpiste,
piezas de plata y caras sonrientes,
    todo lo que buscan está en el mercado.

¿Qué mostrabas en el mercado de los sábados
    que hizo sonreír de oreja a oreja
a las niñas, a los ancianos y a los chicos de veinte?
    Tápala bien con la chalina, amiga mía,
regresa pronto a casa con las risas a tus espaldas,
    sube la colina, fuera de la vista,
cierra la puerta, aunque nadie vaya a encontrarte,
    nadie va a verte en una noche de mercado.

¿Ves? La chalina está húmeda; quita de debajo
    la cosa roja muerta. A la luz blanca de la luna
sobre los cálamos, ¿se mueve de nuevo? ¡No me extraña!
    Mejor termínalo de una vez; entiérrala pronto.
Si hay sangre en el hogar, ¿quién se dará cuenta?
    O sangre en la escalera.
Cuando un asesinato se ha consumado, ¿para qué mostrarlo?
    A nadie le importa en el mercado de los sábados.

Luego acuéstate en la cama para un llanto muy muy breve
    y quédate quieta para un descanso muy muy largo,
no hay nadie en el pueblo que necesite dormir tanto
    como tú, en la casa sobre la colina con el hoyo en el pecho.

            ¡Ya no pienses en la golondrina,
                    olvídate del mar,
            jamás recuerdes el hueco verde y hondo
                ni la copa del árbol viejo y gentil!

Una calle de Londres a las dos de la mañana

Amy Lowell

Han mojado la calle;
brilla bajo el resplandor de las luces,
luces frías y blancas,
y yace
como un río lento,
de franjas plateadas y negras.
Pasan taxis por ella;
uno,
y luego otro.
En el medio oigo el arrastre de los pies.
Los vagabundos dormitan en los alféizares,
los noctámbulos pasan por las aceras.
La ciudad es mísera y siniestra,
con la calle de rayas plateadas en medio,
lenta,
un río que no lleva a ninguna parte.

Frente a mi ventana,
la luna se recorta,
clara y redonda,
contra la noche color ciruela.
No puede iluminar la ciudad:
brilla demasiado.
Tiene luces blancas,
y destella con frialdad.

Me quedo en la ventana y observo la luna.
Está delgada y sin lustre,
pero la amo.
A la luna la conozco,
y esta es una ciudad ajena.

El crepúsculo en la ciudad
F. Scott Fitzgerald

Fuera… sal
a esta noche inevitable mía,
ah, tú, que bebes vino nuevo,
aquí hay pompa… aquí hay carnaval,
profunda penumbra, calles oscuras y todo,
los susurros de la noche de la ciudad…

Había cerrado mi libro de armonías descoloridas,
(en el parque las sombras cayeron sobre mí)
y mi alma estaba triste con violines y árboles,
y yo anhelaba la oscuridad,
cuando de repente pasó veloz junto a mí, trayendo
miles de luces, una brisa inquietante,
y una noche de calles y canto…

Te reconoceré por tus pies ansiosos
y por tu cabello claro, muy claro;
susurraré cosas felices y sin sentido
mientras allí te espero…

Todos los rostros inolvidables en el crepúsculo
se fusionarán con el tuyo,
y los pasos como mil oberturas
se fusionarán con los tuyos,
y habrá más embriaguez que vino
en la ternura de tus ojos posados en los míos...

Violines tenues donde cenan bellas damas,
el roce de faldas, las voces de la noche
y todo el encanto de ojos amigos... Ah, allí
flotaremos como sonidos de verano en el aire estival...

Amanece en Nueva York
Claude McKay

¡Amanece! ¡Amanece! El color carmesí se asoma
por lo bajo del cielo calmo, sobre las colinas,
de Manhattan los techos, chapiteles y cúpulas solas.
¡Amanece! Mi espíritu con su espíritu se agita.
Casi toda la imponente ciudad duerme,
sin gente que empuje ni pies que marchen.
Pero cada tanto un coche gime y desciende;
para un lado, otro, y por debajo de la calle,
llevando consigo sus fantasmales cargas extrañas,
los hombres y mujeres de noches estridentes,
con los ojos flojos de vino y la ropa desaliñada,
grotescos a la luz de las lámparas iridiscentes.
Las sombras menguan. En Nueva York amanece.
Y yo voy a trabajar, sombrío y rebelde.

Belleza
Safo

De una traducción al inglés de Dante Gabriel Rossetti (1828-1882)

I

Como la dulce manzana que enrojece en la rama más alta,
en lo alto del tallo más alto, que los cosechadores olvidaron,
quizás.
No la olvidaron, no; sino que no la alcanzaron, porque nadie
pudo alcanzarla hasta ahora.

II

Como la flor del jacinto silvestre que se encuentra en las colinas,
que los pies de los pastores andantes siempre desgarran y hieren,
hasta que la flor morada se aplasta a pisotones en el suelo.

La balada de Camden Town
James Elroy Flecker

Con Maisie hace ya muchos años
    por Camden Town me paseaba,
yo espléndido en mi traje de paño,
    y ella divina con falda.

Tenía un rostro noble y ufano,
    corazón secreto y ojos
como agua en un lugar lejano
    bajo un cielo espacioso.

Un tapete, un arcón, una cama
    y algunas sillas hundidas
eran todo lo que adornaba
    nuestro piso en la avenida.

Mas al parque podía ir a pie
    y coronarla con flores,
y al mundo pasar me ponía a ver,
    a otras Maisies y otros hombres.

Cuando enfermé y ella palideció
    y vacía quedó la tienda,
ella en el clavo la llave dejó
    y nunca más me vio de vuelta.

Quizás decidió naufragar sola
    para no ahogarnos los dos:
quizás temía a la muerte pronta
    por vivir en este rincón.

¿Qué le pasó? Las noches glaciales
    queman la rosa y el lirio,
y se pierden las almas mortales
    en un Picadilly vívido.

¿Qué le pasó? El río avanza,
    profundo, ancho y tranquilo,
y busca atajar la rosa rala
    y llevarse el lirio partido.

Imagino que aún vive en Londres
    y respira el aire al ocaso,
que camina al parque de faroles,
    donde encontrarla aguardo.

Y juntos otra vez viviremos,
    porque sé que la hallaré:
tan poco para perdonar tengo;
    tanto, que nunca olvidaré.

El cuervo
Edgar Allan Poe

Una monótona medianoche, mientras aburrido contemplaba
un extraño y curioso libro colmado de saberes olvidados,
a punto de dormirme, entre cabeceos, de pronto oí un
golpeteo,
como si alguien por lo bajo llamara, llamara a la puerta de mi
cuarto.
«Es una visita», murmuré, «que la puerta de mi cuarto
golpetea…
Solo eso y nada más».

Ah, tengo el vívido recuerdo de que pasó en un lóbrego
invierno;
y una a una las moribundas brasas dejaban en el suelo un
fantasma.
Deseaba que fuera la mañana, pues en vano en mis libros
buscaba
poner fin al intenso dolor, el que la ausencia de Leonora me
dejó,
la extraordinaria dama a quien los ángeles Leonora llaman…
Ese nombre, *aquí*, nunca más.

Y cuando me estremecieron las cortinas con su vaivén incierto,
me embargó por completo un terror jamás sentido en el
cuerpo;
y a fin de apaciguar los latidos de mi pecho, repetí intranquilo:
«Es tan solo una visita que ruega que le abra la puerta,
es tan solo una visita tardía que abrirle la puerta me ruega;
es eso y nada más».

Pronto mi alma se fortaleció, y sin una pizca de duda en mi
interior
dije: «Señor, o señora, de verdad le imploro me sepa disculpar;
pero es que estaba dormido, y cuando su suave llamado vino,
con un golpeteo de lo más tenue, un golpeteo de lo más leve,
apenas lo había oído»; entonces, abrí la puerta de par en par:
oscuridad y nada más.

Sumido solo en esa oscuridad me quedé, observando, aterrado,
dudando y soñando con fantasías que ningún mortal ha
soñado;
pero el silencio inmutable se mantuvo; la quietud, sin indicio
alguno;

y lo único pronunciado ahora fue un susurro que dijo:
«¿Leonora?».

El susurro lo había dicho yo, y el eco «¡Leonora!» alcanzó a
murmurar…

Solo eso y nada más.

A mi cuarto atribulado vuelvo, con el alma entera hecha un
fuego,
y enseguida oigo otro golpeteo, apenas más fuerte que el
primero.
«Sin dudas», me dije, «no es más que un asunto con la ventana;
voy a ver, no será serio, y me dispondré a explorar el misterio,
con el corazón más calmo, el misterio me dispondré a explorar;

¡es el viento y nada más!».

Entonces abrí la persiana de un tirón, y en todo su esplendor,
hizo su entrada un regio cuervo de los que había en otro
tiempo;
sin dedicarme una reverencia, en pura y absoluta indiferencia,
con el semblante de un señor o una dama, sobre la puerta se
posó,
se posó en el busto de Palas sobre la puerta al entrar…

inmóvil, quieto y nada más.

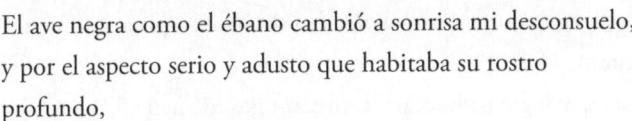

El ave negra como el ébano cambió a sonrisa mi desconsuelo,
y por el aspecto serio y adusto que habitaba su rostro
profundo,
«Aunque tenga corto el penacho», le dije, «no se ve
acobardado,
un cuervo tan antiguo y espectral que de noche voló a mi
portal…
¡dígame su nombre, mi señor, cómo lo llamo, enviado de
Plutón!».

                     Y el cuervo dijo: «Nunca más».

Atónito quedé ante esta ave desgarbada que tan clara se
expresaba,
si bien su respuesta guardaba poco sentido y escasa relevancia;
porque no me cabe duda de que nadie ha tenido la fortuna
de contemplar a un ave negra, posada encima de la puerta,
ave o bestia posada sobre el busto tallado de mi puerta, al
entrar,

                     llamada «Nunca más».

Sin embargo, el cuervo, solitario sobre el apacible busto, dijo
solo
esa frase, como si en esas únicas palabras hubiera volcado su
alma.

Mas ninguna otra cosa volvió a emitir, ni ala o pluma atinó a
sacudir,
hasta que logré balbucear: «Otros amigos me han
abandonado...
Mañana él me dejará, así como mis anhelos se echaron a
volar».

Y el ave dijo: «Nunca más».

Sorprendido por cómo irrumpió en la quietud tan articulada
respuesta,
«Ciertamente», pensé, «lo que responde es todo de lo que
dispone,
heredado de algún amo afligido a quien la tragedia habrá
acaecido
tantas veces, crueles todas, que sus canciones se hicieron una
sola,
hasta que de su esperanza y melancolía una sola llegó a quedar,

ese "Nunca, nunca más"».

Sin embargo, el cuervo aún le dibujaba una sonrisa a mi
desconsuelo,
y para tener al ave enfrente dispuse un asiento de terciopelo;
entonces, cuando ya estaba sentado, poco a poco fui
imaginando,
pensando distintas teorías, sobre a qué el ave ancestral se
refería...
qué quería decir esta ave ancestral macabra, tosca, tétrica y
nefasta

al graznar «Nunca más».

Ahí sentado, sumido en mis conjeturas, sin expresar sílaba alguna
al ave cuyos ojos ardientes ahora quemaban mi pecho por dentro;
esto y más a adivinar me dispuse, y sobre el terciopelo que recubre
el asiento posé la cabeza cansada, bañado por la luz de la lámpara,
todo el asiento de terciopelo que la luz de la lámpara bañaba,
que *ella* no tocará, ah, ¡nunca más!

Luego, sentí que el aire se ponía denso, perfumado por algún incienso
de un serafín alado, de pisadas tintineantes en el suelo alfombrado.
«Infeliz», exclamé, «tu Dios te ha extendido, con sus ángeles, ofrecido
un respiro… nepente más un respiro de tus recuerdos de Leonora;
¡bébelo, ay, bebe el nepente ahora y olvida la pérdida de Leonora!».
Y el cuervo dijo: «Nunca más».

«¡Profeta!», clamé, «criatura del mal, ave o demonio, profeta igual…
así el Tentador te haya enviado, o una tempestad te haya arrastrado,
desolado mas impertérrito, a esta tierra desierta de silencio,

a este hogar acechado por el espanto, dime de verdad, te imploro…

¿No hay… no hay bálsamo en Galaad? ¡Te lo imploro, dímelo ya!».

Y el cuervo dijo: «Nunca más».

«¡Profeta!», clamé, «criatura del mal, ¡ave o demonio, profeta igual!

Por el Cielo que nos cubre a ambos, por el Dios que veneramos,

a esta alma cargada de dolor confírmale si, dentro del lejano Edén,

verá a una doncella santa a quien los ángeles Leonora llaman,

a una doncella extraordinaria a quien Leonora han de llamar».

Y el cuervo dijo: «Nunca más».

«¡Que esta sea nuestra despedida, ave o demonio!», chillé con ira,

«¡Regresa a la tempestad y a la noche de Plutón vuelve a entrar!

¡No dejes ni una pluma negra como indicio de tamaña falsedad!

¡Deja mi soledad entera, abandona el busto sobre mi puerta!

¡Quita el pico de mi alma en pena, y de mi puerta retírate ya!».

Y el cuervo dijo: «Nunca más».

Y el cuervo, impávido, calmo, sigue inmóvil, *inmóvil* posado
en el busto blanco de Palas, sobre la puerta, sin batir las alas;
y sus ojos me recuerdan a los de un demonio que sueña,
y la lámpara que lo alumbra en el suelo recorta su sombra;
y mi alma, de esa sombra recortada en el suelo, ahora
no se alzará… ¡nunca más!

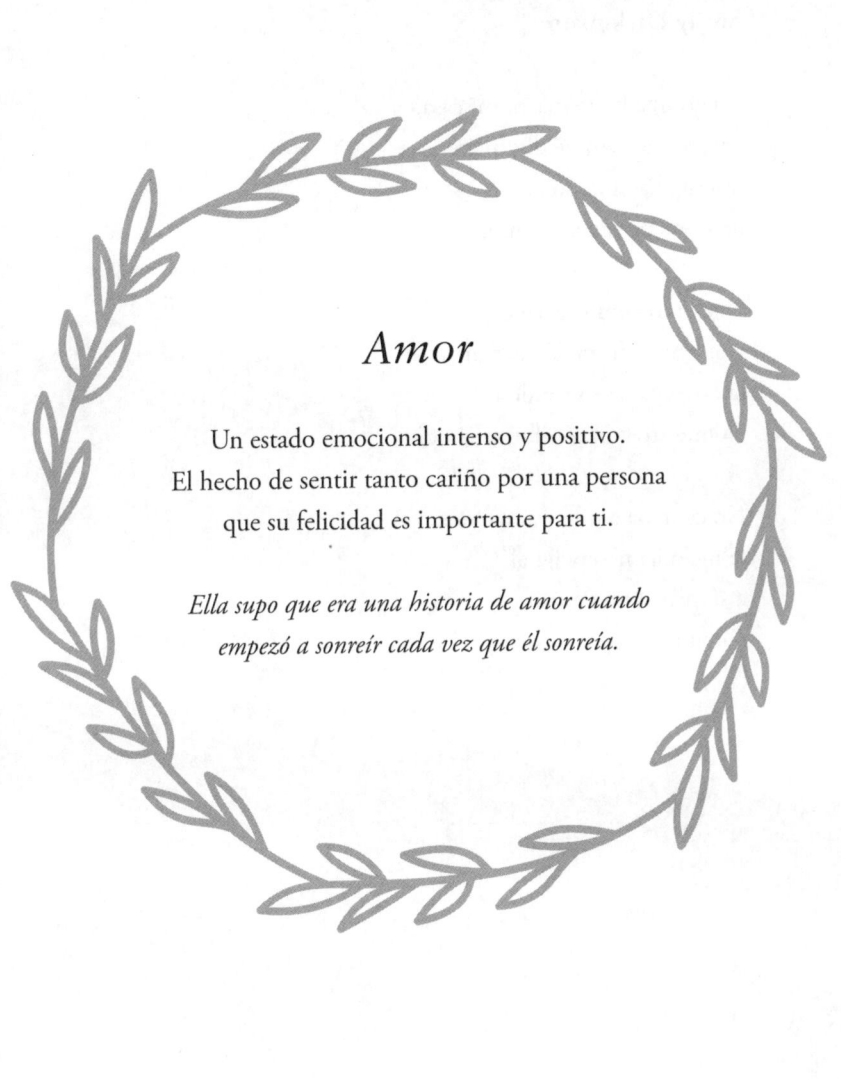

Amor

Un estado emocional intenso y positivo.
El hecho de sentir tanto cariño por una persona
que su felicidad es importante para ti.

*Ella supo que era una historia de amor cuando
empezó a sonreír cada vez que él sonreía.*

Tengo una hermana en mi casa

Emily Dickinson

Tengo una hermana en mi casa,
y otra a un seto de distancia;
inscrita hay una sola,
pero me pertenecen ambas.

Una vino como yo vine
y usó mi vestido de hace un año;
la otra cual ave su nido
en nuestro corazón fue armando.

No cantaba a nuestra manera,
la melodía no era igual,
a sí misma una música
como un abejorro estival.

Hoy está lejos la infancia,
pero al recorrer las colinas,
la tomé fuerte de la mano,
lo que acortó las millas.

Y con los años sus murmullos
aún a la mariposa engañan,
y en sus ojos se ven las violetas,
por tantos mayos estropeadas.

Volqué el rocío pero tomé el alba,
elegí esta estrella solamente
de todas las de la inmensa noche,
¡Sue, siempre presente!

EMILY.

«Ven, noche; ven, mi Romeo»
William Shakespeare

De **ROMEO Y JULIETA**, Tercer acto, Segunda escena

Ven, noche; ven, mi Romeo; ven, tú, el día en la noche;
pues sobre las alas de esta yacerás más blanco
que la nieve recién caída sobre el lomo de un cuervo.
Ven, dulce noche, ven, amorosa y negra noche,
dame a mi Romeo, y cuando yo muera,
llévatelo y córtalo en pequeñas estrellas,
y él embellecerá tanto la faz del cielo
que todo el mundo se enamorará de la noche
y dejará de rendir culto al sol resplandeciente.
Ah, he comprado un castillo de amor,
pero todavía no lo poseo; y aunque estoy vendida,
aún no me han disfrutado. Tan tedioso es este día,
como víspera de alguna fiesta
para un niño impaciente que tiene un traje nuevo
y aún no puede usarlo.

¿Cómo te amo?

Elizabeth Barrett Browning

¿Cómo te amo? Déjame contar las maneras.
Te amo hasta lo más hondo, lo ancho y lo alto
que mi alma alcanza, cuando se ha ocultado
de los bordes del ser y de la Gracia perfecta.
Te amo al nivel de más secreta necesidad,
bajo la luz que el sol y la vela emanan.
Te amo libremente, como quien el bien abraza;
te amo puramente, como el que evita alardear.
Te amo con la pasión que usé en mis más sentidas
y antiguas penas, y con la fe de la infancia.
Te amo con devoción que parecía perdida
con mis santos caídos; ¡te amo con la gracia,
aire y llanto de vida! Y si mi Dios lo dicta,
muerta habré de amarte con más nostalgia.

Idilio
Claude McKay

Abrazarte ahora y sentir tu cabeza cerca,
su aroma; cálida contra mi pecho se aprieta;

susurrar suave y tembloroso tu nombre,
y saborear la pasión que en tu cuerpo corre;

acostarnos tensos, mejilla con mejilla,
y provocar tu boca con besos hasta que digas

palabras de amor, palabras locas, palabras de ensueño,
palabras dulces sin sentido, melodiosas como aves en celo;

oírte preguntar si te amaré siempre,
y «Hasta el fin de los tiempos» responderte;

sentir tu suspiro de felicidad a cambio
cuando murmuro «Sí» en tus trémulos labios;

Es muy tierno. Sabemos que no es verdad.
¿Qué importa? La noche su rocío debe derramar.

Sabemos que no es verdad, pero es tierno…
El poema con esta música está completo.

Aguacero de primavera

Sara Teasdale

Pensé que lo había olvidado,
  pero volvió todo de nuevo
con el primer tronar de la primavera
  en un intenso aguacero.

Recordé un umbral oscuro
  donde esperamos a que la lluvia pasara;
los truenos sacudían la tierra
  y los rayos el cielo garabateaban.

Los autobuses pasaban tambaleantes,
  porque la calle era un río de tormenta;
azotes de pequeñas olas doradas
  a la luz de la farola amarillenta.

Con el aguacero y truenos desbocados,
  tenía el corazón desbocado y plácido;
tus ojos me dijeron más esa noche
  de lo que jamás me dirán tus labios…

Pensé que lo había olvidado,
  pero volvió todo de nuevo,
con el primer tronar de la primavera
  en un intenso aguacero.

Una hora contigo

Sir Walter Scott

¡Una hora contigo! Cuando el día amanece
y de oro se colorea el gris del este,
ay, ¿con qué podrá soportar mi mente
el trabajo y las trabas, el caos, las cargas,
las nuevas penas que traerá el tiempo
y el triste recuerdo de lo que ya no vemos?
¡Una hora contigo!

¡Una hora contigo! Cuando el duro verano
su bandera roja a las doce esté ondeando;
¿qué recompensará al labriego fiel,
su labor en el campo adusto y cruel;
y, más que el refugio de cueva o árbol,
calmará el ardor y sudor de mis manos?
¡Una hora contigo!

¡Una hora contigo! Cuando caiga la tarde,
ay, ¿qué cosa me enseñará a olvidarme
de los trabajos de un día tan ingrato;
las esperanzas, los deseos, desperdiciados;
los anhelos crecientes, los premios menguantes,
el orgullo del amo que desprecia mis males?
¡Una hora contigo!

«Ojalá pudiera recordar aquel primer día»

Christina Rossetti

Ojalá pudiera recordar ese primer día,
minuto, segundo de tu encuentro conmigo;
si era todo luz o todo sombra, quizás era
verano o invierno, no lo puedo decir;
se escurrió sin ningún registro,
tan ciega estaba que no vi ni preví,
tan torpe que ignoré el brote de mi árbol,
que no florecería por muchos mayos.
Si tan solo pudiera rememorarlo,
¡qué día! Lo dejé pasar inadvertido,
sin rastro alguno como nieve ya derretida;
parecía importar poco, importó tanto;
ojalá pudiera remembrar la primera sensación
de su mano con la mía. ¡Si hubiera sabido!

«*Conversando contigo, olvido el tiempo entero*»

John Milton

De **EL PARAÍSO PERDIDO, Libro cuarto**

Eva le habla a Adán

Conversando contigo, olvido el tiempo entero;
cada estación, y sus cambios, todos bellos por igual.
Dulce es el aliento de la mañana, su amanecer dulce,
con el encanto de las primeras aves: bello el sol,
cuando primero en esta tierra deliciosa extiende
sus rayos orientales, sobre hierba, árbol, fruto y flor,
relucientes de rocío; fragante la tierra fértil
después de las suaves lluvias; y dulce la llegada
de la agradecida tarde serena; luego la noche silenciosa
con su ave solemne y esta hermosa luna,
y estas, las gemas del cielo, su séquito estelar:
pero ni el aliento de la mañana cuando asciende
con el encanto de las primeras aves; ni el sol naciente
en esta tierra deliciosa, ni hierba, fruto, flor,
relucientes de rocío; ni la fragancia después de la lluvia;
ni la agradecida tarde serena; ni la noche silenciosa
con su ave solemne; ni el paseo bajo la luna
ni la luz de las estrellas titilantes son dulces sin ti.

Invitación al amor

Paul Laurence Dunbar

Ven cuando brilla la noche estrellada
    o ven cuando está tenue la luna;
Ven cuando el sol sus bandas doradas
    echa sobre la hierba una a una.
Ven en el crepúsculo gris y suave,
ven todo el día o toda la tarde,
ven, ay, amor, que cuando me llames,
    te daré una tierna bienvenida.

Eres dulce, ay, amor, amor querido,
eres suave como paloma en su nido.
Ven a mi corazón y dale descanso
como el ave que va a su nido por amparo.

Ven cuando mi pecho se acongoja
    o cuando mi corazón está alegre;
ven con la caída de las hojas
    o con la cereza que enrojece.
Ven cuando los capullos florecen,
ven cuando el verano resplandece,
ven con el vaivén de las nieves,
    y te daré una tierna bienvenida.

Un día escribí su nombre

Edmund Spenser

Un día escribí su nombre en la arena,
pero vinieron las olas y se lo llevaron;
volví a escribirlo con la otra mano,
pero la marea llegó y devoró mis penas.
—Cuánta vanidad —dijo ella—, vana faena
la de inmortalizar aquello que es mortal;
yo misma he de sufrir esa decadencia,
y mi nombre también se habrá de borrar.
—No —respondí yo—, que cosas menos nobles
planeen morir, pero tú vivirás en la fama:
en mis versos tus virtudes serán eternas,
y tu glorioso nombre escribiré en el cielo:
y aunque la muerte someta al mundo entero,
nuestro amor continuará con vida plena.

Union Square
Sara Teasdale

Con el hombre que amo, que no me ama,
  caminaba al resplandor de la farola;
observamos al mundo volver a su hogar
  por Union Square, un río de personas.

Me acerqué para escuchar lo que él decía,
  palabras ligeras cual copos de nieve;
pero, ay, él nunca se acercó para oír
  lo que clamaba mi corazón adrede.

Caminamos y caminamos un poco más
  pasando por el fulgor de luces del cine,
donde van las chicas con los ojos sedientos
  y el cometido que todo hombre percibe.

Caminamos y caminamos un poco más,
  y finalmente en la puerta nos despedimos;
por su sonrisa sabía que él no oyó
  el clamor de mi corazón no dicho.

Con el hombre que amo, que no me ama,
  caminé al resplandor de la farola…
Pero, ay, esas chicas que piden amor
  en Union Square, entre las luces solas.

El espino
Willa Cather

Por el prado iridiscente…
¡Ah, cuando a mí él vino!
En la primavera,
en la noche,
con las estrellas,
debajo del espino.

Desde la ciénaga brumosa…
¡Ah, cuando hasta mí él vino!
A mi blanca enramada,
a mi dulce lecho,
a mi cálido pecho,
bajo el espino.

Pregúntame qué cantaron las aves,
en lo alto del espino;
qué cuenta la brisa,
qué perfuma la rosa,
qué alumbra la estrella…
¡no lo que él me dijo!

«Si no hay bronce, piedra, tierra ni infinito mar»

William Shakespeare

Soneto 65

Si no hay bronce, piedra, tierra ni infinito mar
que supere en poder a la lamentable muerte,
¿cómo contra esa furia luchará la belleza
si sus acciones son débiles como una flor?
¿Cómo aguantará la brisa de miel del verano
frente a los estragos de los destructores días,
si ni las rocas impenetrables son tan firmes,
ni tan fuerte el acero para vencer al Tiempo?
¡Oh, terrible pensamiento! ¿Dónde, ay,
se ocultará la joya más preciada del Tiempo?
¿O qué mano fuerte detendrá su andar veloz?
¿O quién podrá impedir que la belleza dañe?
    Nada ni nadie, salvo que ocurra este milagro,
    que en tinta negra mi amor no llegue a apagarse.

Amor libre
Henry David Thoreau

Mi amor debe ser tan libre
    como un águila en vuelo,
cernida sobre mar, tierra y aire,
    y el mundo entero.

No debo apagar mi mirada
    en tu sala oscura,
no debo dejar en la nada
    ni cielo ni luna.

No seas la red del cazador
    que corta mi vuelo,
dispuesta con ojo calculador
    para atraer a su seno.

Sé el vendaval favorable
    que raudo me lleva,
e hincha mi vela más tarde
    aunque ya te fueras.

No puedo abandonar mi cielo
    solo por tu antojo,
si el amor fuera verdadero,
    se alzaría glorioso.

El águila no podría soportar
tener tal compañera,
solo dispuesta a mirar
debajo de su cabeza.

Una década

Amy Lowell

Cuando llegaste, eras como vino tinto y miel,
y el sabor tuyo me hacía arder la boca de dulzura.
Ahora eres como el pan de la mañana,
suave y agradable.
Apenas percibo tu sabor porque ya lo conozco,
pero me siento nutrida por completo.

«Mi verdadero amor posee mi corazón»

Sir Philip Sidney

Mi verdadero amor posee mi corazón, y yo el suyo,
por justo intercambio, uno por el otro entregado:
yo guardo el suyo con cariño, y el mío reside en él;
jamás se ha hecho un trato mejor negociado.

Su corazón en mí nos hace uno a ambos;
mi corazón en él guía sus pensamientos y sentidos:
él ama mi corazón porque una vez fue suyo;
yo atesoro el de él porque en mí permanece.

Su corazón sufrió su herida con mi mirada;
mi corazón sufrió la suya con su corazón herido;
pues así como se encendió su dolor por mí,
aún, pensé, en mí su herida también ardió:
ambos heridos igual, el cambio buscó nuestra dicha,
mi verdadero amor posee mi corazón, y yo el suyo.

Dos amores
Lucy Maud Montgomery

Dijo una: «Caminaría de la mano contigo
por senderos de alegría y laderas soleadas
de canciones terrenales en el ocio más feliz
para recoger el capullo de mil esperanzas.
¡Bebamos juntos de la copa hasta el tope
llena de la dicha del mundo entero!».

Y dijo otro: «Yo rezaría para estar contigo
cuando te reclame la pena; cuidaría tu corazón
con el mío ante toda angustia; sería
el consuelo y el sanador de tu tristeza;
¡y sé que al mundo entero ayudaría
si tu dolor aliviara o compartiera!».

Té de manzanilla
Katherine Mansfield

Afuera el cielo está encendido de estrellas;
del mar llega un bramido hueco.
¡Y pobres las florecitas de almendras!
El viento sacude al almendro.

Cómo iba a imaginar, un año atrás,
en esa casucha fea de la colina,
que él y yo así nos sentaríamos,
bebiendo un té de manzanilla.

Leves como plumas vuelan las brujas,
el cuerno de la luna aparece;
junto a una luciérnaga bajo un junquillo,
brinda con el abejorro un duende.

Podríamos tener cincuenta o cinco,
¡tan cómodos, sabios y cercanos!
Bajo la pata de la mesa de la cocina,
mi rodilla la de él está tocando.

Las persianas, bajas igual que el fuego;
el grifo gotea suavemente;
la sombra de la olla en la pared,
negra y redonda aparece.

Una rosa roja

Robert Burns

Mi amor es como una rosa roja
    que acaba de brotar en verano;
mi amor es como la melodía
    tocada con exquisita mano.

Eres tan bella, mi dulce dama,
    y yo estoy tan enamorado
que te seguiré amando, corazón,
    hasta que el mar se haya secado.

Hasta que el mar se haya secado,
    y las piedras el sol derrita;
te seguiré amando, corazón,
    mientras corra la arena de la vida.

¡Y me despido, mi único amor!
    ¡Me despido por un rato!
Y vendré de nuevo, mi amor,
    aunque esté en lo más lejano.

¡Tú, Inés!

Alice Moore Dunbar-Nelson

Destellos naranjas atraviesan un alma carmesí
con tenues llamas; una pasión púrpura acecha
en tus ojos crepusculares.
La boca roja; suave como una flor,
tu alma da un brinco… y resplandece
cual estrella, blanca, ardiente.
Los brazos curvos, rodeando un mundo de amor,
¡tú! ¡Agitando lo profundo del apasionado deseo!

Estrofas («¡Oh, ven a mí en sueños, mi amor!»)

Mary Wollstonecraft Shelley

¡Oh, ven a mí en sueños, mi amor!
    No pediré una dicha más preciada;
Ven con los rayos de estrellas, mi amor,
    y posa en mis párpados tu beso.

Así fue, cuentan las antiguas fábulas,
    que el amor visitó a una joven griega,
hasta que ella rompió el hechizo sagrado,
    y al despertar traicionaron sus deseos.

Pero el dulce sueño velará mi vista,
    y la lámpara de Psique estará apagada,
cuando, en las visiones de la noche,
    tú renueves los votos conmigo.

Entonces ven a mí en sueños, mi amor,
    no pediré una dicha más preciada;
ven con los rayos de estrellas, mi amor,
    y posa en mis párpados tu beso.

Ausencia
Claude McKay

Tus palabras cayeron en mi corazón como guijarros en un
charco,
formando ondas en mi pecho y dejando que se derrita, calmo.

Tus besos cayeron fuertes en mi piel como el rocío de una
rama,
de un limonero lleno de frutos cuando la mañana es joven y
delicada.

Como el sol bendecido por la tenue lluvia, frágil como encaje
de oro,
tu aliento, dulce y cálido, ha encendido el calor de mi sereno
rostro.

Pero un silencio hondo y vasto, ay, más hondo que los lazos
nuestros,
ahora, por la distancia amenazante, se cierne entre nosotros,
siniestro.

Y más que las canciones que canto, espero tu texto escrito,
para agitar la sangre en mis venas como tu presencia nunca lo
hizo.

Verde
D. H. Lawrence

La aurora era verde manzana;
el cielo, vino verde alzado al sol;
la luna era un pétalo dorado en medio.

Ella abrió los ojos y brillaron
verdes, claros como flores deshojadas
por primera vez, ahora vistas por vez primera.

Tras la partida

Sara Teasdale

He sembrado tan amplio mi amor
    que él lo hallará en todas partes;
lo va a despertar por las noches,
    y lo va a abrazar en el aire.

Le puse mi sombra en su vista
    y la doté con alas de deseo,
para que sea una nube de día
    y a la noche un rayo de fuego.

«*Cuando habla el amor*»
William Shakespeare

De **TRABAJOS DE AMOR PERDIDOS,** Cuarto acto,
Tercera escena

Y, cuando habla el amor, las voces de todos los dioses
adormilan al cielo con su cadencia.
Un poeta jamás osaría tocar una pluma para escribir,
a menos que la tinta esté impregnada de los suspiros del amor;
oh, entonces sus líneas cautivarán los oídos ordinarios,
y sembrarán en los tiranos una dulce humildad.

¡Noches apasionadas!
Emily Dickinson

¡Noches apasionadas!
Si estuviera contigo,
¡las noches apasionadas
serían nuestro privilegio!

Los vientos son inútiles
sobre un corazón en el puerto,
adiós a la brújula,
adiós a las cartas.

¡Navego en el Edén!
¡Ah, el mar!
¡Ojalá esta noche pudiera
echar amarras en ti!

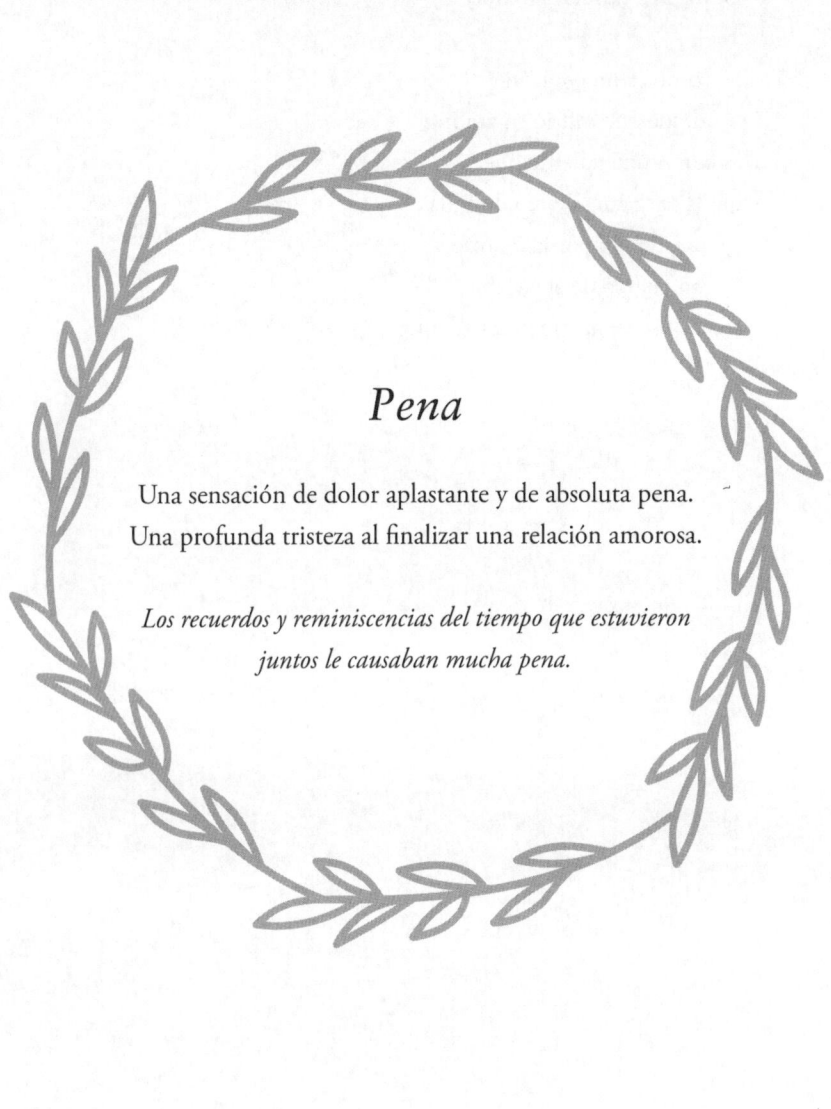

Pena

Una sensación de dolor aplastante y de absoluta pena.
Una profunda tristeza al finalizar una relación amorosa.

*Los recuerdos y reminiscencias del tiempo que estuvieron
juntos le causaban mucha pena.*

Declive
Edna St. Vincent Millay

Sé cómo es mi corazón
    desde que murió tu amor:
es como una saliente hueca
que alberga un charco de agua
    dejado allí por la marea,
      un charco de agua tibia,
secándose de afuera hacia adentro.

La llamada

George Roberts

De la fogata de tu corazón,
donde el amor avivaba las brasas,
me levanto, me marcho,
debo irme.

La paz residía en tus ojos,
pero por mi tenue contento,
destellos como rayos de medianoche
centellearon y se fueron.

Me levanto, cegado por las lágrimas,
para emprender el largo camino.
Cuando aparece el destello que llama,
debo obedecer.

Dos veces
Christina Rossetti

Fragmento

Tomé mi corazón con mi mano
   (ay, mi amor; ay, mi amor),
dije: Tú decides si caigo o me paro,
   tú decides si vivo o muero,
pero óyeme hablar esta vez
   (ay, mi amor; ay, mi amor),
aunque es débil lo que dice una mujer;
   deberías hablar tú; yo no creo.

Tomaste mi corazón en tu mano
   con una tierna sonrisa,
lo estudiaste con ojo desapegado,
   y lo apoyaste sin emoción,
entonces dijiste: Madurar le falta,
   yo mejor esperaría;
esperaría mientras las alondras cantan,
   hasta que el maíz tome color.

Cuando lo apoyaste se rompió…
    se rompió, pero impasible seguí;
sonriendo, te escuché con atención,
    oí tus palabras que me juzgaban:
pero no he sonreído mucho
    desde entonces, tampoco nada pedí,
ni me ha importado maíz alguno,
    ni cantado con las aves que cantan.

Confesión
George Herbert

Fragmento

¡Oh, qué huésped astuto
es esta misma pena! Dentro de mi corazón hice
    armarios; y en ellos muchos cofres;
    y, como un maestro en mi oficio,
en esos cofres, cajas; en cada caja, una gaveta:
pero la pena todo lo sabe, y entra cuando quiere.

Renuncia

Alice Meynell

No debo pensar en ti; y cansada aunque firme,
    evito el pensamiento que se esconde en cada goce,
  el recuerdo de ti, en lo alto del cielo azul,
y en la melodía más dulce de una canción.
¡Ay!, detrás de los bellos pensamientos que pueblan
    este pecho, el recuerdo de ti vivo se oculta;
    pero nunca, nunca debe salir a la vista;
me he de resistir todo el día a llegar a ti.

Pero cuando el sueño acaba cada arduo día,
    cuando la noche pausa mi larga vigilia,
      y debo soltar todos los lazos que me atan,
quitarme la voluntad como una vestidura…
    con el primer sueño del primer descanso,
      corro, corro, y me entrego a tu abrazo.

Empatía
Paul Laurence Dunbar

¡Sé lo que siente el pájaro enjaulado!

    Cuando el sol resplandece en las tierras altas;
cuando el viento acaricia el pasto naciente,
y el río corre como agua de cristal;

    cuando canta la primera ave y abre la flor,
y de su cáliz se escapa el tenue perfume…
¡Sé lo que siente el pájaro enjaulado!

Sé por qué bate el ala el pájaro enjaulado

    hasta dejar sangre roja en los crueles barrotes;
porque debe volver a posarse en su percha
cuando debería hamacarse en una rama;

    y un dolor aún palpita en viejas heridas,
que vuelven a latir con dolor más punzante.
¡Sé por qué el pájaro bate el ala!

Sé por qué canta el pájaro enjaulado, sí,
	con un ala golpeada y el pecho molesto,
cuando azota los barrotes para ser libre;
no es un cántico de dicha ni alegría,
	sino una plegaria desde lo hondo de su ser,
sino una súplica que él eleva al cielo.
¡Sé por qué canta el pájaro enjaulado!

«Despierto y siento el manto de la oscuridad, no del día»

Gerard Manley Hopkins

Despierto y siento el manto de la oscuridad, no del día.
¡Qué horas, ay, qué horas hemos pasado esta noche!
¡Qué imágenes viste, corazón; a dónde fuiste!
Y todavía falta, en la lentitud aún más larga de la luz.

Digo esto con testigo. Pero cuando digo
horas, son años, son vida. Y mi lamento
son incontables llantos, llantos como cartas muertas
enviadas al amado que, ¡ay!, vive muy lejos.

Soy hiel, soy bilis. El decreto más profundo de Dios,
amargo, es todo lo que pruebo: el sabor de mí;
en mis huesos, en mi carne, la sangre colmada de maldición.

La propia levadura del espíritu agria una masa sosa.
Veo que los perdidos son así, y su flagelo es
como el mío, con el sudor en el cuerpo; pero peor.

Sobre la partida del señor
Reina Isabel I

Lloro mas no me atrevo a mostrar mi desconsuelo,
amo, pero me obligan a parecer que odio,
amo, mas no me atrevo a confesarlo verdadero,
parezco muda, pero por dentro charlas acopio.
 Soy y no soy, me congelo, pero me quemo,
 porque de ser como en verdad soy yo estoy muy lejos.

Mi carga es como mi sombra bajo el rayo del sol,
me sigue volando, vuela cuando la persigo,
se para y yace junto a mí, hace lo que hago yo.
La carga familiar de él lamentarla me hizo.
 No encuentro manera de quitarlo de mi pecho,
 hasta que se borre con el término de mi tiempo.

Introduce en mi mente alguna dulce pasión,
porque estoy frágil y hecha de la nieve blanda;
o si no, sé más cruel y entonces sé tierno, amor.
Hazme flotar o hundirme, estar alta o baja.
 O hazme vivir con algo de dulce consuelo,
 o morir y así olvidar este amor verdadero.

La separación

Ellen Johnston, también conocida como «La chica de la fábrica»

Por siempre adiós, no hay más tú y yo,
    ya no soy más amada por ti;
yo fui sincera, pero tú sentirás pena
    por el día en que me engañaste a mí.

Pensé que el sol perdería su calor
    y dejaría de recorrer el cielo,
antes que tú resultaras serme infiel,
    o me miraras con ojos de desprecio.

Dulzuras dijiste cuando me conociste,
    jamás imaginé tal secreta malicia,
ni vi en tu cara ninguna traza
    de falsedad en tu aparente sonrisa.
El desdén del mundo no es más que un susto,
    un efímero espectro ante mis ojos,
no le hago caso desde que has causado
    un cambio en cuanta alegría conozco.

Infundiste gozo en mi corazón dichoso,
    pero parece que la esperanza fue en vano;
fue esa sonrisa de traicionera malicia
    la que encendió el sueño imaginado.
Te amé de verdad; nadie puede contar
    el amor que por ti abrigué en mi seno;

todavía te amo, a pesar de tu engaño.
    Pero mi amor será solo para el Cielo.

No voy a destruir la alegría que sentí,
    las horas felices que he pasado contigo;
ni alejaré a ultranza por pura venganza
    el amor falso que me has ofrecido.
Tal vez suene un acorde que te transporte
    al recuerdo de nuestro primer encuentro;
quizás te lo refresque una idea consciente,
    y con tristeza sientas remordimiento.

En un incierto futuro un poder profundo
    tal vez selle tu memoria con un hechizo;
y luego encuentres en el tiempo que vuelve
    los pesares que a mi amor rebelarse hizo.

Mis cantos modestos, mis pesares inmensos
    tal vez se extiendan como un mar ante ti;
y quizás te espantes cuando ya sea tarde;
    todos esos que intentaron dañarme a mí.

Quizás tu compromiso, ahora incumplido,
    (todo lo que alguna vez atesoré en la tierra),
aparezca en sueños y en nocturnos recuerdos,
    y despierte la culpa arraigada con fuerza.
¡Por siempre adiós! No hay más tú y yo;
    Vete. Te agradezco, libre me dejaste;
la fama de lo falso mi nombre ha manchado,
    pero su culpa en mí no demostraste.

«*Soy*»
John Clare

1

Soy... mas lo que soy nadie sabe ni a nadie le importa;
    mis amigos me abandonan como a un recuerdo perdido:
soy el que se alimenta de mis propias desdichas;
    se alzan y se evaporan, hospedadas en el olvido,
como sombras en la agonía contenida y frenética del amor:
sin embargo, soy, y vivo... como los vapores soltados

2

A la nada del desprecio y del ruido,
    al mar viviente de los sueños despiertos,
donde no hay sentido de la vida ni alegrías,
    sino el vasto naufragio de lo que aprecio en la vida;
incluso los más queridos, a quienes más amo,
ahora son extraños... no, más extraños que todo.

3

Anhelo paisajes jamás pisados por el hombre,
    un lugar donde nunca haya sonreído ni llorado una mujer;
para allí morar con mi Creador, Dios;
    y dormir como en mi infancia, sumido en un dulce sueño,
despreocupado y sin preocupaciones donde yazco;
el pasto debajo; arriba el cielo abovedado.

El campo surcado
Sara Teasdale

Mi alma es un oscuro campo arado
    en medio de la lluvia fría;
mi alma es un campo surcado,
    arado por el dolor.

Donde pasto y flores arqueadas
    antes crecían,
ahora yace surcado el campo,
    listo para otra siembra.

Gran Sembrador, cuando vuelvas
    a pisar mi campo,
echa en cada surco allí marcado
    mejores granos.

Ruego de un amante

Sir Thomas Wyatt

¿Vas a dejarme así?
¡Di que no! ¡Di que no!
Y ahórrate la culpa
de todo mi dolor y desazón.
¿Vas a dejarme así?
¡Di que no! ¡Di que no!

¿Y vas a dejarme así,
que por tanto te he amado
en alegrías y angustias?
¿Tiene tu corazón la fortaleza
para dejarme así?
¡Di que no! ¡Di que no!

¿Vas a dejarme así,
que mi corazón te he dado
para jamás abandonarte
ni por pena ni maltrato,
y vas a dejarme así?
¡Di que no! ¡Di que no!

¿Y vas a dejarme así,
sin tener piedad alguna
por aquel que te ha amado?
¡Ay! ¡Tu crueldad!
¿Y vas a dejarme así?
¡Di que no! ¡Di que no!

«*Donal Og*» («*Joven Donal'*»)

Lady Augusta Gregory

Traducido de una versión en inglés del original en gaélico:
fragmento de una balada irlandesa del siglo VIII

Anoche tarde el perro hablaba de ti;
la agachadiza hablaba de ti en su hondo pantano.
Eres tú el ave solitaria que cruza los bosques;
y que puede estar sin pareja hasta que me encuentres.

Me prometiste, y me dijiste una mentira,
que estarías frente a mí donde se agrupan las ovejas;
silbé una vez y grité otras trescientas,
y no encontré nada allí salvo un cordero que balaba.

Me prometiste algo que era difícil para ti,
un barco de oro bajo un mástil de plata;
doce ciudades con un mercado en todas ellas,
y un delicado palacio blanco junto al mar.

Me prometiste algo que no es posible,
que me darías guantes de la piel de un pez;
que me darías zapatos de la piel de un ave;
y un traje de la seda más fina de Irlanda.

Cuando voy sola al Pozo de la Soledad,
me siento y repaso mi pena;
cuando veo el mundo y no veo a mi amado,
aquel que tiene el cabello de color ámbar.

Fue aquel domingo cuando te di mi amor;
el domingo último antes del Domingo de Pascua.
Y yo misma de rodillas leyendo la Pasión;
y mis dos ojos dándote para siempre amor.

Mi madre me dijo que no hablara contigo hoy,
ni mañana, ni el domingo;
fue un mal momento el que eligió para decírmelo;
fue como cerrar la puerta después de un robo en la casa.

Mi corazón está tan negro como la negrura del endrino,
o como el carbón negro que está en la fragua del herrero;
o como la suela de un zapato abandonado en salones blancos;
fuiste tú quien puso esa oscuridad en mi vida.

Me has quitado el este; me has quitado el oeste;
me has quitado lo que tengo delante y lo que tengo detrás;
me has quitado la luna, me has quitado el sol;
¡y mi miedo es grande de que me hayas quitado a Dios!

Un sueño en un sueño

Edgar Allan Poe

¡Recibe este beso en la frente!
Y, ahora que de ti me alejo,
déjame así confesar:
no te equivocabas al creer
que mis días han sido un sueño;
mas si la Esperanza se escapa
en una noche, o en un día,
en una visión, o en ninguna,
¿se habrá *ido* menos por ello?
Todo lo que vemos o parecemos
no es más que un sueño en un sueño.

Estoy de pie en medio del rugido
de una orilla torturada por las olas,
y tengo guardados en mi mano
granos de la arena dorada…
¡Tan pocos! Pero ¡cómo se escurren
entre mis dedos hacia el abismo,
mientras lloro… mientras lloro!
¡Ay, Dios! ¿No puedo agarrarlos
con más firmeza en mi puño?
¡Ay, Dios! ¿No puedo salvar
ni *uno* de la ola despiadada?
¿Es *todo* lo que vemos o parecemos
no más que un sueño en un sueño?

Desde que nos separamos
Edward Robert Bulwer-Lytton

Desde que anoche nos separamos,
créeme, mi amor, que te amo
doce horas más, con doce veces más afecto,
una noche más, un sueño más intenso
y un sol más convencido: y eso supera,
querida, el amor que ayer sintiera.

Consuelo de la noche

Charlotte Brontë

El corazón humano tiene tesoros ocultos,
    guardados en secreto, sellados en silencio;
las ideas, los anhelos, los sueños, los placeres,
    cuyos encantos al revelarse quedarían rotos.
Y pueden pasar los días en alegre confusión,
    y las noches volar en animado alboroto,
mientras, perdido en ilusión de fama o riqueza,
    puede desvanecerse el recuerdo del pasado.

Pero hay momentos de meditación solitaria,
    como los que llegan en el silencio de la noche,
cuando, suaves como aves al cerrar sus alas,
    los mejores sentimientos del corazón se reúnen.
Entonces en nuestras almas parece languidecer
    un tierno dolor que no es aflicción;
e ideas que arrancaban gemidos de angustia
    ahora solo causan que unas lágrimas se asomen.

Y los sentimientos, antes fuertes como pasiones,
    regresan ligeros: un sueño desvanecido;
los propios dolores agudos y feroces sensaciones,
    parecen un relato de sufrimientos ajenos.
¡Ay! Cuando el corazón está recién sangrando,
    ¡cuánto anhela que llegue ese tiempo,
cuando, por la niebla de los años que pasan,
    sus penas solo viven en sueños!

Y puede morar en el resplandor de la luna,
    en la sombra vespertina y la soledad;
y, mientras el cielo se pone más y más negro,
    no siente angustia extraña y sin expresar,
solo un impulso más profundo dado
    por la hora solitaria y la habitación oscura,
a pensamientos solemnes que se elevan al cielo
    buscando una vida y un mundo que han de llegar.

Un tierno beso
Robert Burns

Un tierno beso, y luego nos separamos;
¡una despedida, y un adiós para siempre!
Te honraré ahogado en lágrimas del corazón,
y te ofrendaré una guerra de suspiros y gemidos.
¿Quién dirá que lo aflige la fortuna,
si la estrella de la esperanza ella deja?
A mí, ningún destello alegre me ilumina;
solo me envuelve la desesperación oscura.

Nunca culparé mi enamoramiento,
nada podría resistirse a mi Nancy;
pero verla era amarla;
amarla a ella, y amarla por siempre.
Si no nos hubiésemos amado tan tiernos,
si no nos hubiésemos amado tan ciegos,
no nos habríamos conocido, ni separado,
no habríamos tenido el corazón destrozado.

¡Adiós a ti, la primera y más bella!
¡Adiós a ti, la mejor y más querida!
¡Que sean tuyos los gozos y tesoros,
calmas, disfrutes, placeres y amores!
¡Un tierno beso, y luego nos separamos!
¡Una despedida, ay, un adiós para siempre!
Te honraré ahogado en lágrimas del corazón,
y te ofrendaré una guerra de suspiros y gemidos.

«*El tiempo no trae alivio; todos ustedes han mentido*»

Edna St. Vincent Millay

El tiempo no trae alivio; todos ustedes han mentido,
 quienes dijeron que el tiempo calmaría mi dolor.
 Lo echo de menos en el llanto de la lluvia;
lo quiero en el retroceder de la marea;
las nieves se derriten en las laderas de las montañas,
 y las hojas del año pasado son humo en los senderos;
 pero el amor amargo del año pasado permanece
colmando mi corazón; y persisten mis pensamientos.

Hay cien lugares a los que tengo miedo de ir;
 ¡tan abarrotados están con su recuerdo!
Y al entrar con alivio en algún lugar tranquilo
donde nunca se posó su pie ni brilló su rostro
digo: «¡Aquí no hay ningún recuerdo de él!».
 ¡Y así me quedo afligida, así recordándole!

«*Lágrimas, lágrimas inútiles*»

Alfred, lord Tennyson

De **LA PRINCESA**

Lágrimas, lágrimas inútiles, qué significan no sé,
lágrimas de lo hondo de una desesperación divina
se alzan en el corazón, y llegan hasta los ojos,
al contemplar los felices campos de otoño,
y al pensar en los días que no existen más.

Vívidas como el primer rayo reflejado en una barca,
que trae a nuestros amigos de vuelta del inframundo,
tristes como el último que se enrojece sobre una
que se hunde bajo el horizonte con todo lo que amamos;
qué tristes, qué vívidos, los días que no existen más.

Ah, tristes y extrañas como en grises albas de verano
el primer canto de los pájaros aún adormilados
ante oídos moribundos; cuando ante ojos moribundos
la ventana se va volviendo un cuadro de tenue luz;
qué tristes, qué extraños, los días que no existen más.

Queridas como besos recordados después de la muerte,
y dulces como los que imagina la fantasía sin esperanza
en labios que son para otros; profundas como el amor,
profundas como el primer amor, y llenas de lamentos;
ay, muerte en vida, los días que no existen más.

Sobre el dolor del otro
William Blake

¿Puedo ver la pena ajena
y no sentir también tristeza?
¿Puedo ver el dolor de otro
y no buscarle consuelo?

¿Puedo ver caer una lágrima
y no sentir que la comparto?
¿Puede un padre a su hijo
ver llorar sin que le duela?

¿Puede una madre escuchar
gemir y temer a un niño?
¡No, no! ¡Nunca puede ser!
¡Nunca, nunca puede ser!

¿Y puede Él, que a todo sonríe,
oír las penas de un ave,
oír sus temores y dolores,
oír los males de los niños…

sin sentarse junto al nido,
a verter piedad en su pecho,
sin sentarse junto a la cuna,
a llorar en sus lágrimas…

sin pasar noche y día
las lágrimas secándonos?
¡Ay, no! ¡Nunca puede ser!
¡Nunca, nunca puede ser!

Él da Su alegría a todos:
se vuelve niño pequeño,
se vuelve hombre en pena,
también Él siente el dolor.

No pienses que suspiras
sin que Dios esté allí:
no pienses que lloras,
sin que Dios esté cerca.

Oh, Él nos da Su alegría,
para destruir la angustia:
hasta que la angustia huya,
Él gime junto a nosotros.

Si puedo evitar que se rompa un corazón

Emily Dickinson

Si puedo evitar que se rompa un corazón,
no habré vivido en vano;
si puedo aliviar de una vida el dolor,
o calmar un llanto,
o ayudar a un débil gorrión
a subir a un nido alto,
no habré vivido en vano.

Estrofas
Emily Brontë

Muchas veces criticada, aunque siempre regreso
    a esos primeros sentimientos nacidos conmigo,
y dejo de perseguir riqueza y conocimiento
    en pos de sueños vanos de imposible destino:

Ahora no buscaré la región de las sombras;
    su insustancial vastedad se torna siniestra;
y legión tras legión, las visiones se asoman
    y traen al mundo irreal demasiado cerca.

Caminaré, mas no por viejas huellas heroicas,
    y no por los senderos de alta moralidad,
ni tampoco entre caras casi anónimas,
    las figuras borrosas de la antigüedad.

Caminaré adonde me lleve mi naturaleza:
    me exaspera la idea de elegir otra guía:
allí donde entre helechos pasten las ovejas;
    allí donde sople el viento en la alta colina.

¿Qué habrán de revelar esos montes remotos?
    Más gloria y más dolor del que puedo narrar:
la tierra que enciende el sentir a *un* corazón solo
    al Cielo y al Infierno podrá unir de verdad.

Sobre el cambio de clima
Francis Quarles

¿Y si fuera para tu provecho obtener
el *sol* completo y ninguna vicisitud de *lluvia*?
¿Piensas que tu laborioso *arado* no requiere
heladas invernales, ni tampoco *fuegos* estivales?
Debe haber ambos: a veces estos corazones nuestros
deben tener lo dulce, las oportunas lluvias
de *lágrimas*; a veces, la helada de la fría *desesperación*
hace que parezca más *bello* nuestro deseado *sol*:
los *climas* que más se oponen a la carne y la sangre
son los que ayudan a que sea buena nuestra *cosecha*:
no podemos elegir, gran *Dios;* esa es tu *tarea*:
no sabemos qué *necesitamos*; ni cómo *pedirlo*.

Después del amor
Sara Teasdale

Ya no hay más magia,
    nos vemos como se ven otros,
no obras ningún milagro en mí,
    ni yo en ti.

Tú eras el viento y yo el mar…
    ahora ya no hay más esplendor,
me he vuelto lánguida como el charco
    junto a la orilla.

Y aunque el charco esté a salvo de la tormenta
    y haya encontrado alivio de la marea,
se vuelve más amargo que el mar,
    a pesar de su paz.

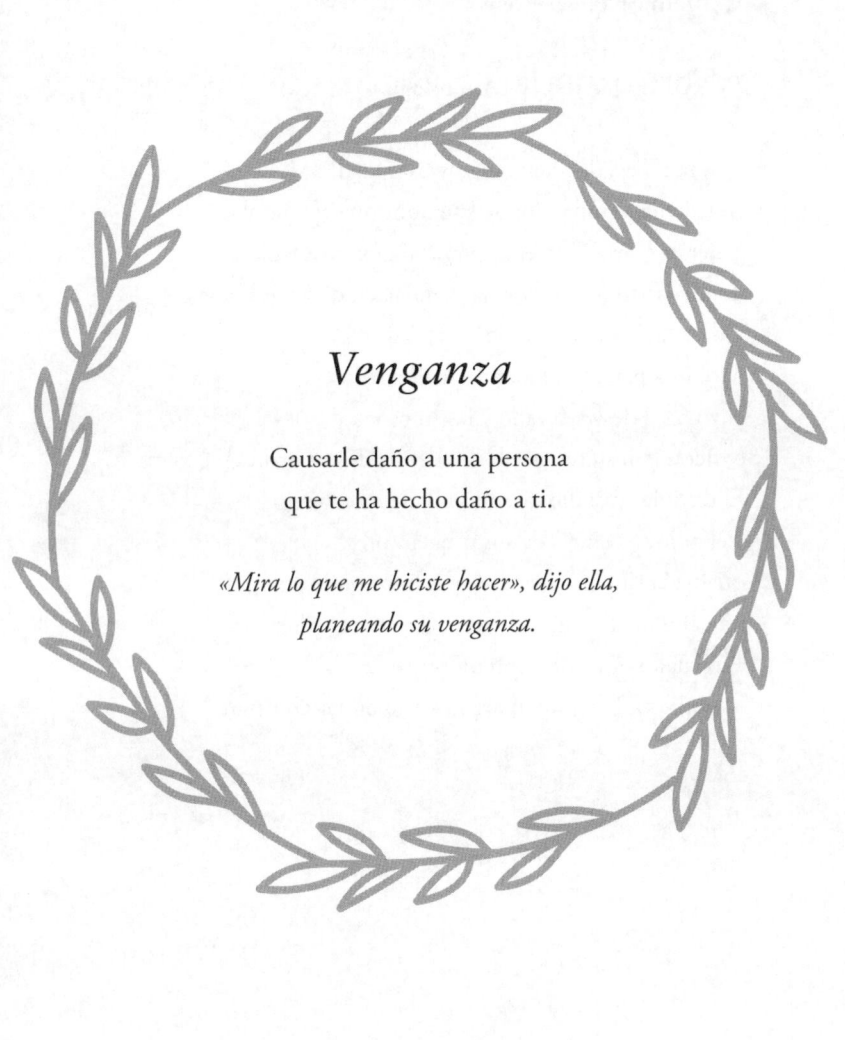

Venganza

Causarle daño a una persona
que te ha hecho daño a ti.

*«Mira lo que me hiciste hacer», dijo ella,
planeando su venganza.*

«Dos familias, iguales en dignidad»
William Shakespeare

De ROMEO Y JULIETA, Prólogo

Dos familias, de igual rango y dignidad,
en la bella Verona, donde situamos nuestra escena,
generan nuevas revueltas por antiguos rencores,
donde la sangre ciudadana mancha ciudadanas manos.
De las fatales entrañas de estos dos rivales
nace una pareja de amantes malhadados,
cuyo final desventurado y lastimoso
entierra con su muerte la contienda de sus padres.
El terrible episodio de su fatídico amor,
y el odio sostenido de sus progenitores,
que nada sino la muerte de sus hijos pudo aplacar,
será el tema de nuestro escenario durante dos horas;
a lo cual, si atienden con oídos pacientes,
lo que aquí falte, intentaremos enmendar con afán.

Pensamientos
Alice Moore Dunbar-Nelson

Una súbita y sucesiva cadena de cosas,
que destellan, cual caleidoscopio, ahora dentro, ahora fuera,
ahora rectas, ahora girando en anillos descontrolados,
ningún orden, ninguna ley, impone sus movimientos,
sino un deambular eterno, constante, siempre acelerado.

A *mi enemiga*
Lucy Maud Montgomery

Que canten a la amistad los que quieran,
    y agradezcan sus grandes recompensas,
mas yo traigo una tiara poética
    para coronarla mi enemiga.

Gracias, infinitas gracias te debo
    porque a lo largo de toda mi vida
tu odio sincero ha hecho por mí
    lo que quizás el amor no habría hecho.

No habría escalado tales alturas
    si no hubiera temido tu desprecio,
y no hay señuelo que pueda igualar
    la sutil incitación de tu burla.

Tu ira encendió un fuego en mí
    que purgó toda monotonía,
nuestra lucha mortal para mí ha sido
    un estímulo incansable cada día.

Y así, mientras todo el mundo alaba
    los dones del amor y la lealtad,
dejo mi tributo de gratitud
    ante tus pies, ¡enemiga mía!

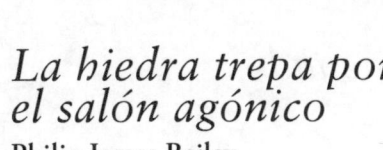

La hiedra trepa por el salón agónico

Philip James Bailey

De FESTUS

La hiedra trepa por el salón agónico
para decorar las ruinas;
y esparce su engañoso paño mortuorio
para ocultar las paredes mustias.

Un árbol envenenado
William Blake

Estaba enojado con mi amigo:
le conté mi ira, mi ira acabó.
Estaba enojado con mi enemigo:
no le conté, mi ira aumentó.

Y la regué con temores
y lágrimas de noche y mañana;
la asoleé con sonrisas,
con sutiles y falsas artimañas.

Entonces creció de noche y de día,
hasta dar una lustrosa manzana,
mi enemigo contempló su brillo,
y mi propiedad le quedó clara…

De noche, la estrella polar oculta,
en mi jardín él entró con sigilo;
y a la mañana, contento observo
tieso bajo el árbol a mi enemigo.

Encrucijada
Amy Lowell

Oh tú,
que viniste a mí una vez,
tendida bajo los manzanos después de bañarme,
por qué no me estrangulaste antes de hablar
en lugar de colmarme de la agreste miel blanca de tus palabras
y luego dejarme a la merced
de las abejas del bosque.

Defensa
Oscar Wilde

¿Es tu voluntad que deba crecer y menguar,
    cambiar mi tela de oro por un gris ordinario,
y a tu gusto tejer esa telaraña de dolor
cuyos hilos más brillantes son días perdidos?

¿Es tu voluntad —Amor que amo tanto—
    que la Casa de mi Alma sea objeto de tormentos,
donde, como amantes malvados, deban habitar
    la llama inextinguible, el gusano inmortal?

No, si es tu voluntad, habré de soportar,
    y venderé la ambición en el mercado corriente,
y el fracaso monótono será mi vestimenta,
    y la tristeza cavará su tumba en mi corazón.

Tal vez sea mejor así; al menos
    no he hecho de mi corazón una piedra,
ni privado a mi juventud de su buen festín,
    ni caminado donde se desconoce la belleza.

Más de un hombre lo ha hecho; buscó cercar
    con lazos estrechos el alma que debe ser libre,
pisó el camino polvoriento del sentido común,
    mientras todo el bosque cantaba a la libertad,

Sin notar que el halcón moteado en vuelo
   surcaba con amplias alas el cielo majestuoso,
hacia donde la alta montaña inexplorada
   absorbía los últimos mechones del Dios Sol.

Tampoco que la pequeña flor que pisoteó,
   la margarita, escudo de oro y plumas blancas,
seguía con ojos de anhelo al sol errante,
   contenta si una vez se aureolaban sus hojas.

Pero seguro que es importante haber sido
   el más amado por un momento,
haber caminado de la mano del Amor, y visto
   sus alas púrpuras volar una vez por tu sonrisa.

¡Sí! Aunque el áspid se atiborre de la pasión
   de mi corazón joven, ¡he reventado los barrotes,
visto a la belleza a la cara, conocido de verdad
   el amor que mueve el Sol y todas las estrellas!

Ira
Charles Lamb y Mary Lamb

La ira en su tiempo y lugar
puede cierta gracia adoptar.
Debe tener motivo alguno
y no durar más de un minuto.
Si llega a un mayor extremo,
se torna malicia de lleno.
Es la diferencia evidente
entre la abeja y la serpiente.
Si a la primera provocamos,
nos asesta un aguijonazo,
cierto dolor nos hace pasar,
pero *no pica nunca más*.

Cerca en arbusto o helecho,
la serpiente ponzoñosa al acecho,
va abrigando su cólera preciada.
A los lados de su andada,

así haga frío o esté templado,
le hagas bien o algo malo,
sea lo que el destino te depare,
la serpiente *siempre va a picarte.*

Un millar de mártires
Aphra Behn

Un millar de mártires he creado,
 todos sacrificados por mi deseo;
un millar de bellezas he traicionado:
 languidecen en irresistible fuego.
Del corazón silvestre tomé las riendas,
y amansé ideas errantes e inquietas.

No di suspiros ni compromisos vanos;
 si bien falsos, ambos fueron bienvenidos.
A los bellos les complace pena darnos,
 y lo que ellos desean pronto es creído.
Y aunque yo hablaba de heridas y dolor,
solo placeres tocaban mi corazón.

Sola los laureles y toda la gloria
 siempre entre gustosas risas me llevo;
triunfos, sin dolor ni lucha notoria,
 sin el infierno, la alegría del cielo.
Y mientras deambulo sin obligación
aborrezco a los que lloran por amor.

«Al ALBATROS *un disparo le di*»

Samuel Taylor Coleridge

Fragmentos de **LA BALADA DEL VIEJO MARINERO**

De la Primera parte

Y así vinieron la niebla y la nieve,
todo se tornó congelado:
y alto como el mástil flotó el hielo,
de color verde esmerilado.

La tierra de hielo, y
de sonidos temerosos,
donde no se veía
ningún ser vivo.

Y entre corrientes, los riscos nevados
emitían un brillo funesto:
no vimos formas de hombres ni
bestias,
por doquier se extendía el hielo.

Había hielo al este, hielo al oeste,
había hielo por todos lados:
crujía y gruñía, rugía y aullaba,
¡como los ruidos de un desmayo!

*Hasta que una
gran ave marina,
llamada el albatros,
atravesó la niebla de
nieve, y fue recibido
con gran alegría y
hospitalidad.*

Finalmente cruzó un gran albatros,
a través de la niebla vino;
como si fuera un alma cristiana,
en nombre de Dios lo acogimos.

Comió lo que nunca había comido,
y rondó y rondó al volar.
El hielo se quebró con un estruendo;
¡el timonel nos hizo pasar!

*¡Y quién lo hubiera
dicho! El albatros
demuestra ser un ave
de buen augurio, y
sigue al barco en su
regreso hacia el norte
entre la niebla y el
hielo flotante.*

Y un buen viento sur se alzó por
detrás;
el albatros nos escoltaba,
y cada día, por comida o juego,
¡venía si el marino llamaba!

Con nieblas o nubes, en mástil u
obenque,
se posó por nueve atardeceres;
mientras de noche, entre la blanca
niebla,
rielaba la luna suavemente.

El viejo marinero mata sin hospitalidad alguna a la digna ave de buen augurio.

«¡Dios te salve, viejo marinero,
de los demonios que te atormentan así!
¿Por qué esa mirada?». Con mi ballesta
al ALBATROS un disparo le di.

Segunda parte

Entonces salió el sol por la derecha:
del mar comenzó a asomar,
aún oculto en la bruma, y a la izquierda
bajó y se hundió en el mar.

El buen viento sur aún soplaba detrás,
mas ningún ave nos escoltaba,
ni ningún día, por comida o juego
venía si el marino llamaba.

*Sus compañeros
vociferan contra
el viejo marinero,
por matar al ave de
buena suerte.*

Yo había hecho algo horroroso
que les acarrearía desdicha:
pues afirmaban que había matado
al ave que soplaba la brisa.
¡Infeliz!, dijeron, ¡por haber matado
al ave que soplaba la brisa!

*Pero cuando la
niebla se despeja, lo
justifican, y así se
hacen cómplices del
crimen.*

Ni tenue ni rojo, cual cabeza de Dios,
glorioso se levantó el sol:
luego afirmaron que había matado
al ave que la niebla causó.
Fue correcto, dijeron, haber matado
al ave que la niebla causó.

*La brisa favorable
continúa; el barco
entra en el océano
Pacífico y navega
hacia el norte, hasta
que llega al ecuador.*

Sopló la buena brisa, voló la blanca
espuma,
la estela nos seguía en paz;
éramos los primeros en haber surcado
aquel silente y calmo mar.

El barco ha quedado
inmóvil de repente.

Bajó la brisa, bajaron las velas,
más triste no se podía estar;
y solo hablábamos para romper
la calma y el silencio del mar.

En un cielo candente y cobrizo,
al mediodía un sol de sangre
se erguía por encima del mástil,
que la luna apenas más grande.

Día tras día, día tras día,
inmóviles y sin aliento;
ociosos como un barco pintado
en un mar pintado inmenso.

Comienza la
venganza del albatros.

Agua y más agua por todas partes,
las tablas se empezaron a encoger;
agua y más agua por todas partes,
ni una gota había de beber.

El fondo mismo se pudría: ¡ay, Dios!
¡Cómo eso podía pasar!
Viscosas criaturas con patas reptaban
a través del viscoso mar.

*Un espíritu los había
seguido; uno de los
habitantes invisibles
de este planeta, ni
alma difunta ni ángel,
sobre los cuales puede
consultarse al judío
Josefo y al platónico
constantinopolitano
Miguel Pselo. Son muy
numerosos, y no hay
clima ni elemento que
no tenga uno o más.*

En ronda y ronda, con giros y vueltas,
el fuego de muerte danzaba;
el agua, como aceites de una bruja,
verde, azul, blanco se incendiaba.

Y algunos en sueños habían visto
al espíritu tormentoso;
en lo hondo nos había seguido
desde el fondo helado y brumoso.

Todas las lenguas, por plena sequía,
se marchitaron de raíz;
no podíamos hablar, no más que si
nos ahogáramos con hollín.

*Los compañeros,
sumidos en su
angustia, estaban
dispuestos a cargar
toda la culpa sobre
el viejo marinero:
como señal de ello le
cuelgan el ave muerta
alrededor del cuello.*

¡Oh, ay de mí! ¡Qué espantosas
miradas
me dieron jóvenes y ancianos!
En lugar de la cruz, al gran albatros
tenía del cuello colgado.

Mi enemigo está envejeciendo
Emily Dickinson

Mi enemigo está envejeciendo,
al fin puedo vengarme.
El sabor del odio se marcha;
si alguien osa desquitarse.

Si es rápido, el manjar vuela,
es una insípida carne.
La ira, alimentada, muere;
lo que la engorda es el hambre.

Súplica
E. Nesbit

Dafnis querido, ¿por qué tejes para mí
redes de mentiras para que la verdad no me pese?
Podría perdonar mucho, créeme:
déjame tu herencia, Dafnis, o prívame,
mátame, mátame, ámame, déjame…
condéname, querido, pero ¡no me engañes!

«*La serpiente infernal*»
John Milton

De **EL PARAÍSO PERDIDO**, Libro primero

*Satanás, tras adoptar la forma de una serpiente, y movido por la
envidia y el deseo de venganza contra Dios por haberlo expulsado
del Cielo, decide engañar a Eva, lo que causa la Caída del
Hombre.*

La serpiente infernal; él con su malicia,
incitado por la envidia y la venganza, engañó
a la madre de la humanidad cuando su orgullo
lo había exiliado del Cielo junto a toda su hueste
de ángeles rebeldes, con cuyo auxilio, aspirando
a alzarse en gloria por encima de sus pares,
confiaba en igualarse al Altísimo
si este se le oponía, y con la ambición
dirigida al trono y la monarquía de Dios,
desató una guerra impía y batalla de orgullo en el Cielo,
con vano intento. A él el Todopoderoso
arrojó envuelto en llamas desde el cielo etéreo,
en espantosa ruina y combustión,
a la perdición sin fondo, para que morara allí
entre cadenas adamantinas y castigos de fuego
quien osara llevar a las armas al Omnipotente.

Nueve veces el espacio que mide el día y la noche
para los hombres mortales, él, con su horrible séquito,
recorrió vencido, revolcándose en el abismo ardiente,
condenado, aunque inmortal. Pero su destino
le deparaba aún más ira; pues ahora la idea
tanto de la felicidad perdida como del dolor eterno
lo atormenta: dirige en torno funestas miradas,
con ojos testigos de enorme aflicción y desgracia,
mezclados con orgullo obstinado y odio férreo.
De una vez, tan lejos como los ángeles pueden ver,
contempla la sombría escena desolada y feroz.
Una mazmorra horrible, cerrada por todos lados,
como un gran horno llameaba; pero de esas llamas
no había luz; sino más bien una oscuridad que
apenas permitía descubrir paisajes de congoja,
regiones de tristeza, sombras dolientes, donde la paz
y el descanso no pueden morar jamás, adonde jamás llega
la esperanza que les llega a todos, sino tormentos sin fin
y un diluvio abrasador, alimentado por azufre
que arde sin consumirse.

La venganza

Letitia Elizabeth Landon

Sí, contempla su cabello de rosas,
    y contempla su sonrisa;
haz como si bebieras el aire mismo
    que su aliento perfuma;

Y enciende para ella el hábil verso,
    esa balada de magia y desenfreno,
y jura que tu corazón es un santuario
    que solo reconoce su dominio.

Está bien: yo al fin tengo mi venganza;
    observa esa mejilla desdeñosa,
el ojo que se desvió cuando pasaste
    dijo más que cualquier palabra.

Ay, por todas las amargas lágrimas
    que he derramado por ti,
las dudas tortuosas, el miedo infernal,
    bien pueden cobrar su venganza.

Por las noches pasadas en desvelo,
    los días de interminable congoja;
todo lo que soporta mi corazón,
    todo lo que tú mismo conocerás.

No desearía verte enterrado
	en una tumba prematura;
olvidaría cómo me traicionaste,
	y solo tu muerte lloraría:

Pero este es un castigo adecuado,
	vivir y amar en vano;
mi pobre corazón, siéntete contento
	y sáciate con su dolor.

Tú, mírala suspirar suavemente,
	que no será por ti;
y disfruta del calor de sus ojos,
	que no se posarán en ti.

Está bien: el potro, la cadena, la rueda,
	habrías soportado mucho mejor;
incluso yo casi podría sentir lástima,
	porque ella no te da nada de amor.

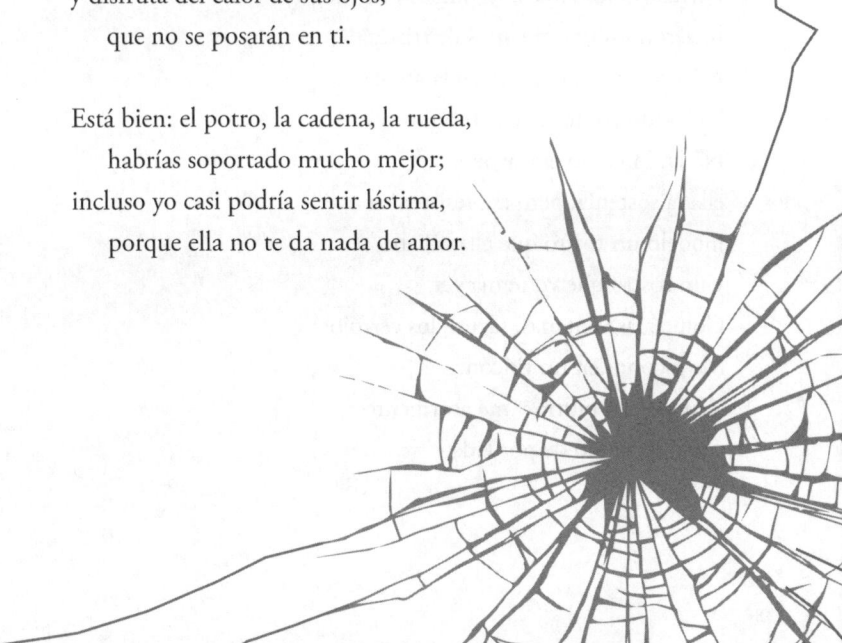

Fletcher McGee

Edgar Lee Masters

Ella tomó mi fuerza por minutos,
tomó mi vida por horas,
me drenó como una luna febril
que agota al mundo entero.
Los días pasaban como sombras,
los minutos giraban como estrellas.
Ella tomó la lástima de mi corazón,
y la convirtió en sonrisas.
Era un trozo de arcilla para esculpir,
mis pensamientos secretos eran dedos
que volaban detrás de su frente pensativa
y la marcaban con profundo dolor.
Formaron los labios, hundieron las mejillas,
hicieron los ojos mustios de tristeza.
Mi alma había entrado en la arcilla,
luchando como siete demonios.
No era mía, no era suya;
ella la sostenía, pero esa resistencia
modeló un rostro que ella odiaba,
y un rostro que yo temía ver.
Golpeé las ventanas, sacudí los cerrojos.
Me escondí en un rincón…
Y luego ella murió y me atormentó,
y me persiguió de por vida.

A Sofronia

Hannah Griffitts

Hacia el hombre no tengo aversión ni reserva,
(eso te lo aseguro, Sofronia, en rima)
mas cuidar mi amada libertad lo que pueda
es por lo cual elijo la soltería.
De mi sentido, o la falta, puedes burlarte
y censurar, despreciar o impugnar,
pero la felicidad que en mi pecho es grande
por fortuna nunca vas a alcanzar.
A los hombres (de amigos) prefiero, estimo,
y los amo tanto como debería,
pero fijar mi dicha en él, en exclusivo,
nunca fue mi deseo ni mi guía.
La ninfa cobarde, a la que criticas tanto,
no se asusta con gigantes como estos,
déjame gozar la libertad y su encanto
y cásate en cuanto lo veas correcto.

«*Todo el cielo indignado*»
William Blake

De **AUGURIOS DE INOCENCIA**

Ver un mundo en un grano de arena
y un cielo en una flor silvestre
sostener el infinito en la mano abierta
y poseer en una hora lo perenne

Un petirrojo enjaulado
pone a todo el cielo indignado
un palomar lleno de palomas y pichones
estremece el infierno por todas sus regiones
un perro hambriento en la puerta de su amo
predice la destrucción del Estado
un caballo maltratado en la cañada
clama al cielo por sangre humana
cada grito de la liebre perseguida
desgarra del cerebro una fibra
por una alondra herida en el ala
hay un querubín que ya no canta
el gallo armado para la lucha
al mismísimo sol naciente asusta
cada aullido de lobos y leones
alza del infierno el alma de un hombre

el ciervo salvaje, que por aquí y allá vaga
infunde calma al alma humana
el cordero sufrido causa enfrentamientos
pero se perdona el cuchillo del carnicero
el murciélago que vuela al anochecer
deja la mente que se niega a creer
el búho que llama a la noche siempre
pronuncia el miedo del no creyente
quien haga daño a los ruiseñores
nunca será amado por los hombres
quien provoque la ira del buey
nunca será amado por una mujer
el niño malicioso que mata la mosca
sentirá la enemistad de la araña ahora

Conozco mi alma

Claude McKay

Arranqué mi alma de su lugar secreto,
y la sostuve ante el espejo de mi ojo,
para verla como una estrella contra el cielo,
un cuerpo trémulo que tiembla en el espacio,
una chispa de pasión que brilla en mi rostro.
Y la exploré para determinar por qué
esta horrible llave a mi propia infinidad
conspira para hurtarme dulce gozo y gracia.
Y si la señal no se lee por completo,
si puedo comprender pero no controlar,
no he de nublar mis días con temor fútil,
porque tan solo veo una parte y no el todo.
Contemplando lo extraño, me reconforta
esta idea narcótica: conozco mi alma.

Una voz desde la mazmorra

Anne Brontë

Ya estoy sepultada; le di fin a la vida;
les di fin al odio, la venganza, las riñas;
les di fin al gozo, la esperanza, el amor
y al bullicio del mundo y su confusión.

Mucho tiempo he habitado aquí olvidada
en desconsolado dolor y angustia opaca;
este espacio de soledad y de penumbra
ha de ser mi mazmorra además de mi tumba.

Esperanza ni placer alguno encuentro:
mi mente solo me genera agotamiento;
del bálsamo del sueño intento con frecuencia
conseguir un descanso de tantas miserias,

Y en una hora de apacible reposo
encontrar un respiro de lo doloroso,
mas no puedo dormir sin sueños ni inconciencia
y entonces sigo sumida en mis miserias.

Es cierto que mis sueños tratan de libertad,
mas después también sueño con penas y mal,
con sangre, con culpa y con horrendos tormentos,
amigos sufridos y enemigos contentos;

Tengo sueños sobre el mundo, pero entonces
sueño con demonios en lugar de con hombres;
cada esperanza alegre rápido se esfuma
y después invade una lúgubre penumbra

a ese mundo… que cuando despierto y veo
esfumarse y huir a esos sombríos espectros,
incluso en mi mazmorra puedo sonreír,
y una alegría momentánea sentir.

Sin embargo, no siempre sucede eso;
hace apenas un momento vi en un sueño
que todo estaba como estuvo alguna vez:
un viento libre y fresco soplaba en mi piel;

Era un plácido día de verano,
el sol brillaba con rayos animados,
pensé que un pequeño niño encantador
al verme me sonreía con amor.

Tenía el corazón pleno, lloré de gozo,
el niño era mi propio pequeño amoroso;
lo estreché fuerte contra mi pecho y entonces
él me dio un beso y rio con infantil goce.

En ese instante oí una voz conocida
que en dulce susurro mi nombre repetía.
El padre del niño ante mí se encontraba
y lo contemplé con sorpresa callada,

Pensé que me había sonreído y hablado,
pero aún sumida en mi mudo arrebato
lo contemplé un tiempo; no podía hablar;
solté un grito desgarrador por demás.

¡Ay, no! ¡Ay, no! Ese chillido maldito
me despertó de mi sueño más divino;
miré a mi alrededor con desesperación,
los llamé, pero ninguno apareció;
el padre y el niño conmigo ya no están,
y debo vivir y morir en soledad.

La aparición
John Donne

Cuando por tu desprecio, oh asesina, yo esté muerto,
    y pienses que te habrás librado
de todo asedio de mi parte,
entonces mi fantasma irá a tu cama,
y te verá, falsa vestal, en peores brazos;
entonces tu gastada vela comenzará a parpadear,
y él, de quien eres ahora, cansado ya de antes,
pensará, si te mueves, o lo pellizcas para despertarlo,
    que lo llamas porque quieres más,
y en falso sueño él se apartará de ti,
y entonces, pobre álamo tembloroso, abandonada
y bañada en un sudor frío como mercurio yacerás,
    hecha un fantasma más real que yo;
lo que diré, no te lo diré ahora,
no sea que eso te proteja; y puesto que mi amor se ha agotado,
preferiría que sufras arrepentimiento y dolor
a que por mis amenazas sigas siendo inocente.

Invictus
William Ernest Henley

Salido de la noche que me envuelve,
    por completo negra como el infierno,
agradezco a los dioses que fueren
    por lo inconquistable de mi alma.

Ante las garras de las circunstancias
    no me he estremecido ni llorado a gritos.
Sometido al aporreo del destino,
    tengo la cabeza herida pero alta.

Más allá de la cólera y las lágrimas,
    está al acecho el horror de la muerte;
no obstante, la amenaza de los años
    sin miedo me encuentra y va a encontrarme.

No importa lo estrecha que sea la puerta,
    ni la lista de castigos que me aguarden,
solo yo soy el dueño de mi destino,
    solo yo soy el capitán de mi alma.

Perdona y olvida

Jean Blewett

Te diré lo más dulce, querido corazón,
    te diré lo más dulce
es decirle a alguien que amamos: «Perdona
    las palabras hirientes y descuidadas;
perdona y olvida, y de nuevo seamos amigos,
    porque el mundo es un lugar vacío
sin la luz de tus ojos cálidos y sinceros,
    y la sonrisa de tu tierno rostro».

¡Ah, los besos y la reconciliación,
    y los tiernos susurros!
Te diré lo más dulce, querido corazón,
    te diré lo más dulce.

Te diré lo más triste, querido corazón,
    te diré lo más triste:
es acercarse a quien amamos plenamente,
    para llevar un mensaje tierno.

Y demorarnos, demorarnos en el camino,
    por culpa del orgullo insensato,
hasta que ya es tarde para decir «¡Perdona!»
    cuando al fin llegamos a su lado.

Porque los oídos pesan y no pueden oír,
    y los labios fríos no pueden moverse
para susurrar «Paz», aunque se nos rompa el corazón
    de anhelo, de dolor y de amor.

¡Ah, el llegar tarde con nuestra ternura!
    ¡Ay, las lágrimas apasionadas que asoman!
¡Te diré lo más triste, querido corazón,
    te diré lo más triste!

Entonces corramos a ser amigos otra vez,
    corramos a estrechar contra el pecho
a quien hemos herido con palabras y actos,
    aunque hayamos amado a esa persona más.
«¡Perdona y olvida! ¡Perdona y olvida!».
    Ah, cálido en los ojos húmedos de lágrimas
está el resplandor y el brillo de una luz dorada
    proveniente de las orillas del Paraíso.

¡Ah, los besos y la reconciliación,
    y los tiernos susurros!
Te diré lo más dulce, querido corazón,
    te diré lo más dulce.

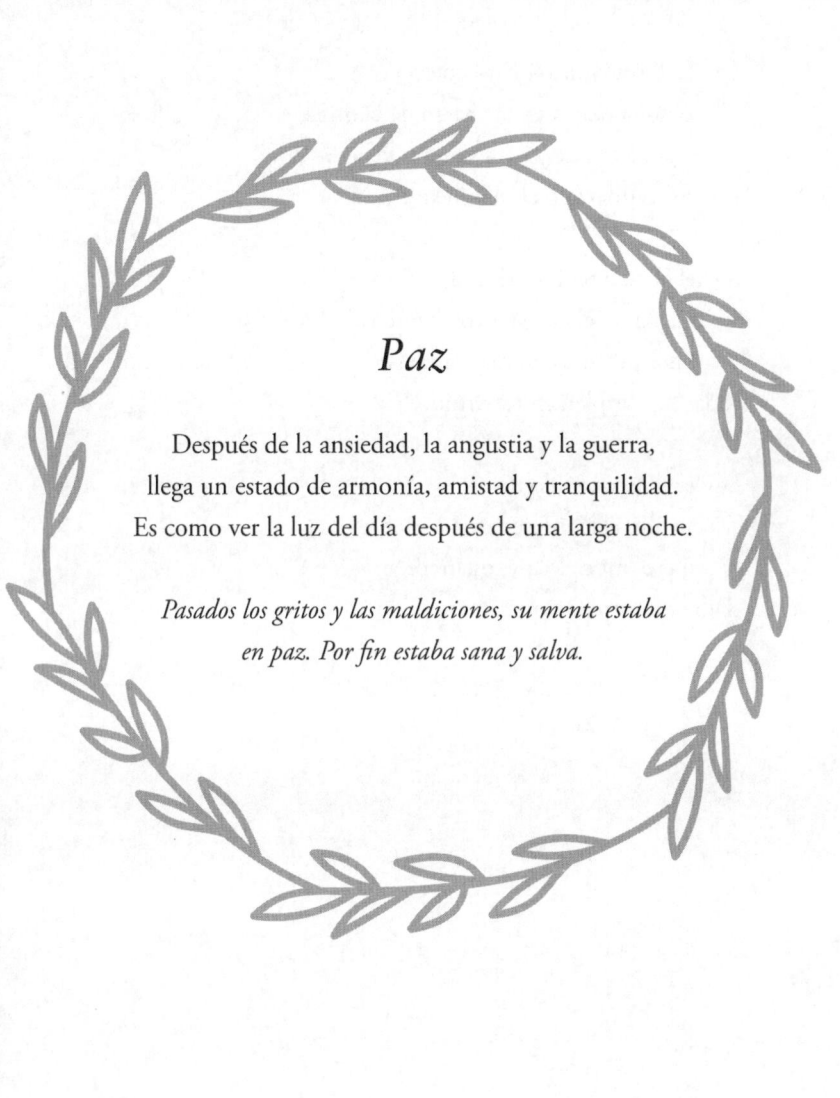

Paz

Después de la ansiedad, la angustia y la guerra,
llega un estado de armonía, amistad y tranquilidad.
Es como ver la luz del día después de una larga noche.

*Pasados los gritos y las maldiciones, su mente estaba
en paz. Por fin estaba sana y salva.*

Paz
Sara Teasdale

La paz fluye dentro de mi cuerpo
    como la marea en el charco de la orilla;
    es por siempre y para siempre mía,
no retrocede como el mar luego.

Soy el charco teñido de azul
    que adora el cielo de color intenso;
    mis esperanzas, lo más inmenso,
todas se cumplen en tu virtud.

Soy el charco teñido de oro
    cuando el atardecer arde y muere,
    tú eres mi cielo que oscurece,
dame tus estrellas, que atesoro.

Vamos, pues, a explorar

Virginia Woolf

Vamos, pues, a explorar
en esta mañana estival
en que todos han de adorar
la abeja y la flor del ciruelo.
Y tarareando y canturreando
al estornino preguntemos
en qué estará pensando
posado en el borde
del bote de basura mientras recoge
entre los dientes
del peine hebras del marmitón.
¿Qué es la vida?, le preguntamos;
¡Vida, Vida, Vida!, chilló el ave,
como si hubiera escuchado […]

En lo profundo del apacible bosque

James Weldon Johnson

¿Sientes el corazón abatido?
¿Solo oyes los choques de las discordias y el bullicio de la vida?
Entonces ven, ven a la paz del bosque.
Baña aquí tu alma en el silencio. ¡Escucha! Ahora,
desde la palpitante soledad
¿no percibes, aunque débiles, esquivas melodías?
Están arriba, alrededor, dentro de ti, en todas partes.
¡Escucha en silencio! Claras, y aún más claras, llegan.
Brotan en notas ondulantes y suben en tonos cantantes.
Ahora deja que tu alma recorra la gama de la magnífica escala
hasta que, en respuesta al acorde tónico,
toque el diapasón del grandioso
órgano catedralicio de Dios,
colmando la tierra para ti con paz celestial
y sagradas armonías.

Muchas veces pensé que había llegado la paz

Emily Dickinson

Muchas veces pensé que había llegado la paz,
cuando en realidad estaba lejos;
como los náufragos que piensan haber visto tierra
en el centro del mar,

Y luchan con desgano, pero para probar,
faltos de esperanza como yo,
cuántas son las costas ficticias
que ante el puerto hay.

Las pequeñas olas de Breffny
Eva Gore-Booth

El gran camino de la montaña avanza brillante hasta el mar,
y hay mucho ajetreo, caballos y carros sin interrupción,
pero a los pequeños caminos de Cloonagh los quiero mucho más,
y los pequeños caminos de Cloonagh recorren mi corazón.

Una gran tormenta desde el océano brama sobre el cerro,
y en ella hay gloria, y terror montado sobre las ráfagas,
pero el aire embrujado del ocaso es muy extraño y quieto,
y a los pequeños vientos del ocaso en mi mente quiero más.

Las olas del Atlántico avanzan tormentosas a su paso,
con un banco de arenques oculto que brillan en verde y plata,
pero las pequeñas olas de Breffny de rocío me empaparon,
y las pequeñas olas de Breffny se revuelcan en mi alma.

El gorrión
Paul Laurence Dunbar

Un pajarito de plumas amarronadas
baja revoloteando junto a mi ventana,
pía su cancioncita por un momento,
diez veces en la ventana un golpeteo,
y luego dando saltitos de nuevo pía,
para llamar mi atención a su melodía;
mas sigo trabajando sin oír su canto,
hasta que, ignorado, este se va volando.

Las aves que traen paz, amor y esperanza
bajan del cielo a la tierra en alada danza,
para posarse en las ventanas de la vida
y aliviar la carga de nuestras desdichas;
pero nosotros, en el ruido y el trajín
por demás metidos para verlas venir,
con corazón y mente insensibles seguimos,
sin saber, hasta que se van, lo que perdimos.

Compañeras
Ella Wheeler Wilcox

Mi alma y yo hoy estamos solas,
    en un clima resplandeciente;
nos hartamos del mundo, y lo guardamos,
    para poder regocijarnos juntas.

Nuestro anfitrión, el sol, en el azul del cielo,
    prepara un vino dulce y único,
en el lustroso oro de su copa en lo alto,
    para mí y para esta alma mía.

Nos parece una bebida honrada y regia,
    una cura para cualquier dolor:
nos ayuda a amar, nos ayuda a pensar,
    y al cuerpo y la mente da fortaleza.

Y aquí sentada, sola con mi alma,
    donde caen los rayos amarillos del sol,
de todas las amistades que he tenido,
    esta sin dudas es la mejor.

Rara vez nos vemos si el mundo está cerca,
    pues el mundo tiene un delicioso arte,
y me trae tantas cosas radiantes y queridas
    que mi alma queda apartada sola.

Pero cuando me canso del alborozo y la alegría,
de los brillos, el esplendor y las luces,
como una vieja amiga fiel ella se acerca,
con una sonrisa triste pero tierna.

Y caminamos juntas como dos amigas,
y reímos y bebemos el vino de Dios.
Qué regia compañera, siempre atenta,
me resulta esta querida alma mía.

«*Entonces deambulé sin rumbo, caminando solo*»

William Langland

De LA VISIÓN DEL BIEN de PEDRO EL LABRADOR

De una traducción del inglés medio al moderno por Arthur Burrell (1859–1946)

Entonces deambulé sin rumbo, caminando solo,
por un vasto paraje natural, junto a un bosque.
El gozo del canto de las aves me hizo permanecer allí,
y en un prado bajo un tilo me recosté un rato
para escuchar sus cantos, sus encantadoras notas;
el regocijo de sus bocas me hizo dormir,
y en medio de ese gozo soñé… maravillado.

El estuario de Long Island

Emma Lazarus

Lo veo igual a como lo encontré una tarde
de agosto, bañado por una serena brisa.
La prisa de la marea, la luz sobre ella,
una vela lejana, blanca como la luna.
Las aguas radiantes rociadas con trazos claros,
las mansas barcas de pesca, la bahía al este,
el arco de su vegetación verde y oscura.
Los pastos colmados de luz, y el sol jubiloso
en el cielo solemne; destellos por doquier,
las risas de niños que no se ven, el canto alegre
de los grillos, y el suave susurro de las ondas,
nubes de verano, fantásticas como sueño,
cambiando inadvertidas mientras las contemplaba.
Con esos bellos sonidos y vistas me quedo.

Canciones para el pueblo
Frances Ellen Watkins Harper

Déjenme hacer canciones para el pueblo,
    canciones para los jóvenes y los viejos;
canciones que conmuevan como un grito de guerra
    donde sea que las entonen.

No para el choque de sables,
    ni para matanzas ni combates;
sino canciones que estremezcan corazones
    con una vida más abundante.

Déjenme hacer canciones para los abatidos,
    en medio del fervor y la ansiedad de la vida,
hasta que los corazones se relajen
    y los ceños preocupados olviden.

Déjenme cantarles a los niños pequeños,
    antes de que sus pasos se pierdan,
dulces himnos de amor y deber,
    para flotar por el sendero de la vida.

Les cantaría a los pobres y los ancianos,
    cuando las sombras les debiliten la vista;
sobre las mansiones bellas y apacibles,
    en las que no existirá la noche.

Nuestro mundo, tan agotado y hastiado,
    necesita música, pura y fuerte,
para callar los ruidos y las disonancias
    de la pena, el dolor y la injusticia.

Música para calmar toda su pena,
    hasta que acaben los delitos y las guerras;
y los corazones buenos de los hombres
    circunden el mundo con su paz.

El monte: en los You Yangs

Arthur Patchett Martin

No es más dulce para el marino golpeado por el mar
    vislumbrar su casa, donde su esposa e hijo aguardan
    para darle besos de bienvenida junto a la entrada,
que para el hombre abatido por la ciudad la frescura
    de los vientos montañosos en alturas escarpadas:
    su alma agotada se empapa de las grandiosas delicias
que la naturaleza le ofrece. La bahía al sol
    destella entre las viejas y nobles ramas del gomero
como bronce lustrado; la robusta ave de rapiña
    pasa volando, en su camino solitario y hostil;
y encima de todo, como aliento de votos divinos,
    soplan los dulces aires, y el alto cielo abovedado
    contempla con piedad en el precioso día estival
    a todas las pobres criaturas condenadas a morir.

El *despertar del río*
Katherine Mansfield

Las gaviotas aman el río con locura
y el río revela su rostro y sonríe.
Las alas lustrosas se reflejan en los ojos adormecidos del agua,
que yace sobre almohadas de plata: el sol se acerca
y la entibia y la entibia, la besa y la besa.
Al agua le centellea el cabello, y se estremece entre risas.
¡Cuidado, mi bella que despierta! Te prenderás fuego.
Girando y volando con la espuma del mar en el pecho,
la bruma inefable del mar aferrada a las incesantes alas,
gritando el éxtasis del océano interminable.
Las gaviotas aman el río con locura.
¡Despierta! Somos los sueños que vuelan de tu corazón.
¡Despierta! Somos las canciones de deseo que fluyen de tu
pecho.
Ah, pienso que el sol le prestará sus grandes alas
y el agua saldrá volando hacia el mar con las aves locas de
amor.

Nuevo cada mañana

Susan Coolidge

Cada día es un comienzo nuevo,
 cada mañana es el mundo renovado.
A ti, que te agotan los pecados y el tormento,
 una hermosa esperanza te traigo,
 una para mí y otra para ti guardo.

Todo lo pasado en el pasado se hunde;
 lo hecho hecho está y se derramaron las lágrimas.
A los errores de ayer que el ayer los oculte;
 las heridas de ayer, sangrientas y ácidas,
 han sanado con el manto de la noche plácida.

El ayer ahora es parte de la eternidad,
 sujeto en un atado, que Dios fuerte sostiene,
con días buenos, días tristes y días malos, que jamás
 volverán a vernos con sus pimpollos y pestes,
 su sol de luz plena o su noche que entristece.

Déjalos ir; porque revivirlos no nos corresponde,
 tampoco los podemos deshacer ni expiar;
¡que Dios, en su misericordia, los reciba y perdone!
 Solo los días nuevos son de nuestra propiedad;
 el presente es nuestro, el presente y nada más.

Aquí está el cielo lustroso y pulido,
   aquí está la tierra agotada vuelta a nacer,
aquí están las piernas cansadas que dan un brinco
      para mirar al sol y junto al alba tener
      el bautizo del rocío y el fresco del amanecer.

Cada día es un comienzo nuevo;
   escucha, alma mía, mi alegre canción,
y a pesar de los antiguos pecados y tormentos,
      y enigmas augurados y posible dolor,
      anímate para empezar de nuevo con tesón.

La campesina a su bebé
Dorothy Wordsworth

Los días son fríos; las noches, largas,
el viento canta una canción amarga;
ven a calmarte apoyado en mi pecho;
lo divertido ya pasó al sosiego,
    ¡salvo tú, mi pedacito de cielo!

La gatita descansa frente al hogar,
los grillos han dejado de cantar;
todo está inmóvil en nuestra casa
salvo un ratoncito que come con ganas,
    ¿entonces por qué tanta ansia guardas?

¡No te asustes con la luz centelleante!
No es más que la luna blanca y brillante
contra la llovizna de la ventana:
¡vamos, corazoncito!, duérmete, anda,
    y despiértate cuando llegue el alba.

Una araña paciente y silenciosa
Walt Whitman

Una araña paciente y silenciosa
vi en un pequeño promontorio, en soledad,
la vi explorar el vasto vacío que la rodeaba,
soltaba filamento tras filamento tras filamento de sí misma,
desenrollándolos sin interrupción, despidiéndolos sin descanso.

Y tú, mi alma, donde te encuentras,
rodeada, separada, en inconmensurables océanos de espacio,
reflexionando, aventurándote, lanzando, sin cesar buscando las
esferas para conectarlas,
hasta que se forme el puente que necesitarás, hasta que se
sostenga la dúctil ancla,
hasta que la telaraña que echas se enganche en algún lugar, mi
alma.

La dicha

Clarissa Scott Delany

La dicha me aviva como el viento que alza una vela,
como el viento bullicioso
que ríe entre los robustos pinos.
Me inunda como el sol
sobre los árboles empapados de lluvia
que destellan plata y verde.

Me entrego a la alegría,
suelto risas, canto melodías.
Por mucho tiempo he recorrido un camino desolado,
por mucho tiempo he vacilado por un laberinto,
desconcertada.

El océano
Nathaniel Hawthorne

El océano tiene cuevas silenciosas,
profundas, tranquilas y solitarias;
aunque haya furia en las olas,
debajo de ellas no hay ninguna.
Los terribles espíritus de lo profundo
comulgan en esos lugares;
y están aquellos por quienes lloramos,
jóvenes, bellos e iluminados.

Los marinos exhaustos descansan
debajo de su propio mar azul.
Alabada sea la soledad del océano,
pues allí hay pureza.
La tierra tiene culpa, y tiene preocupación,
sus tumbas están inquietas;
pero el sueño apacible siempre está,
bajo las olas azules del mar.

Epigramas líricos
Edith Wharton

I
Mi perro viejito:
un latido
a mis pies.

II *Primavera*
Un viento invernal,
prímulas,
y el nuevo arado.

III *Amistad*
El silencio de la medianoche,
un fuego mortecino,
y lo mejor sin decir […]

IV

Una torre puntiaguda
sobre árboles cuadrados,
la Francia rústica.

V

Una torre roma
sobre árboles redondos,
la Inglaterra rural.

VI *Solunte*

Por estas ruinas gigantescas
las enormes sombras-nubes
corren como lagartijas.

Los patinadores
John Gould Fletcher

Unas golondrinas negras que bajan o planean,
en un torbellino de vueltas y curvas;
los patinadores se deslizan sobre el río congelado.
Y el chirrido de los patines al impactar sobre la superficie
es como el roce de finas alas de plata.

«*Naturaleza*» *es lo que vemos*
Emily Dickinson

La naturaleza es lo que vemos,
la colina, la tarde —
la ardilla, el eclipse, el abejorro,
no — la naturaleza es el cielo.

La naturaleza es lo que oímos,
el tordo, el mar —
el trueno, el grillo —
no — la naturaleza es armonía.

La naturaleza es lo que sabemos
pero no somos capaces de decir,
ante su simplicidad
inútil es nuestra sabiduría.

Soneto
Alice Moore Dunbar-Nelson

En violetas no había pensado últimamente,
las silvestres y tímidas que brotan a los pies
en el abril nostálgico en que salen los novios
y deambulan por campos en amoroso éxtasis.
Si pensaba en violetas, pensaba en los floristas,
en los lazos y broches, en papel perfumado;
en luces estridentes y jóvenes creídos,
y cabarets, jabones y vinos que entumecen.
De lo bello y real mi mente se había ido,
había olvidado los campos, los arroyos;
la perfecta hermosura que mi Dios ha creado,
las tímidas violetas y los sueños divinos.
Y ahora, sin quererlo, tú me has hecho soñar
con violetas, y el lustre olvidado de mi alma.

«No temas»
William Shakespeare

De LA TEMPESTAD, Tercer acto, Segunda escena

No temas. La isla está llena de sonidos,
sonidos y bellos aires que deleitan y no dañan.
Unas veces mil instrumentos vibran
y resuenan en mis oídos, y otras veces voces
que, si he despertado tras un largo sueño,
me hacen dormir de nuevo; y luego, al soñar,
las nubes se abren y muestran riquezas
listas para llover sobre mí, y cuando despierto
lloro porque quiero soñar de nuevo.

El trono de Osiris
Eva Gore-Booth

En el techo la golondrina hizo su nido,
y los vencejos debajo del alero,
y todas las aves tienen su calmo cobijo
a la sombra de las hojas en el viento.

El conejo se ha cavado un agujero,
en el centro de la rosa el gusano yace,
y para el alma vagabunda hay sosiego
por donde el río menos profundo pase.

Que el camino salga a tu encuentro

Bendición tradicional gaélica

Que el camino salga a tu encuentro.
Que el viento siempre sople a tu favor.
Que el sol brille cálido sobre tu rostro;
que la lluvia caiga suave sobre tus campos
    y hasta que nos volvamos a encontrar,
que Dios te sostenga en la palma de Su mano.

Biografías de los autores

Louisa May Alcott (1832–1888). Autora estadounidense cuya obra más conocida es la novela *Mujercitas* y sus continuaciones. *(Página 12)*

Philip James Bailey (1816–1902). Poeta nacido en la ciudad inglesa de Nottingham. Autor de *Festus*, una obra religiosa que primero publicó de forma anónima. *(Página 119)*

Aphra Behn (1640–1689). Poeta y dramaturga inglesa. Fue la primera mujer inglesa que pudo vivir de sus obras. *(Página 125)*

William Blake (1757–1827). Poeta, pintor y grabador de increíble talento que vivía en Londres y afirmaba tener visiones. *(Páginas 108, 120, 140)*

Jean Blewett (1862–1934). Poeta canadiense de ascendencia escocesa. Empezó a publicar poemas y cuentos cuando aún era adolescente. *(Página 148)*

Anne Brontë (1820–1849). La más joven de las hermanas Brontë y autora de *Agnes Grey* y *La inquilina de Wildfell Hall*. *(Página 143)*

Charlotte Brontë (1816–1855). Novelista y poeta inglesa oriunda de Haworth, en el condado de Yorkshire. Escribió la novela *Jane Eyre*. También publicó una antología de poesía junto a sus hermanas Emily y Anne. *(Páginas 23, 102)*

Emily Brontë (1818–1848). Autora de la novela *Cumbres borrascosas* y reconocida poeta. Es una de las hermanas Brontë. *(Página 111)*

Elizabeth Barrett Browning (1806–1861). Poeta inglesa prestigiosa y muy conocida. Se fugó con el poeta Robert Browning para casarse y se mudaron a la ciudad italiana de Florencia. *(Página 55)*

Robert Burns (1759–1796). Poeta escocés considerado el «bardo de Escocia». Cada año se celebra la Burns Night (la noche de Burns) el día de su nacimiento para celebrar su vida, su poesía y sus canciones. *(Páginas 72, 104)*

Lewis Carroll (1832–1898). Escritor inglés conocido por su libro *Alicia en el País de las Maravillas* y su poesía. Fue matemático en Christ Church, parte de la Universidad de Oxford. *(Página 16)*

Willa Cather (1873–1947). Nació en Estados Unidos, en la granja de su abuela en el estado de Virginia. Cather documentó cómo era la vida a principios del siglo xx en las Grandes Llanuras de la región central estadounidense en sus novelas *Pioneros* y *Mi Ántonia*. *(Página 64)*

John Clare (1793–1864). «Poeta campesino» inglés oriundo de Northamptonshire que trabajaba en el campo. Muchos de sus poemas se publicaron por primera vez después de su muerte. *(Página 94)*

Samuel Taylor Coleridge (1772–1834). Poeta inglés muy amigo de William Wordsworth. *(Páginas 28, 126)*

Susan Coolidge (1835–1905). Seudónimo de Sarah Chauncey Woolsey. Autora de la clásica novela infantil *Lo que hizo Katy*. *(Página 166)*

Clarissa Scott Delany (1901–1927). Poeta afroamericana nacida en el estado de Alabama. *(Página 170)*

Charles Dickens (1812–1870). Novelista inglés sumamente exitoso y conocido. Escribió quince novelas, entre ellas, *Oliver Twist* e *Historia de dos ciudades*, así como la novela corta *Un cuento de Navidad*. *(Página 24)*

Emily Dickinson (1830–1886). Vivió en el pueblo estadounidense de Amherst, en el estado de Massachusetts, mayormente recluida en su casa. No fue una poeta conocida en vida, pero después de su muerte se descubrieron y publicaron miles de poemas de su autoría. *(Páginas 52, 79, 110, 132, 155, 175)*

John Donne (1572–1631). Poeta metafísico inglés y deán de la catedral de San Pablo de Londres. *(Página 146)*

Paul Laurence Dunbar (1872–1906). Poeta y novelista afroamericano, cuyos padres habían sido esclavos. Publicó varios libros y alcanzó el éxito internacional. *(Páginas 61, 88, 157)*

Alice Moore Dunbar-Nelson (1875–1935). Nacida en la ciudad estadounidense de Nueva Orleans, hija de una costurera afroamericana que había sido esclava y un marino mercante blanco. Publicó su primera antología de poemas a los veinte años. *(Páginas 73, 117, 176)*

George Eliot (1819–1880). Seudónimo de Mary Ann Evans, novelista, poetisa y traductora, reconocida por la perspectiva psicológica de sus caracterizaciones. *(Página 18)*

F. Scott Fitzgerald (1896–1940). Novelista estadounidense conocido por la emblemática novela *El gran Gatsby*, que retrata la vida en Long Island, Nueva York, durante la era del jazz de la década de 1920. También escribió cuentos y poemas. *(Página 36)*

James Elroy Flecker (1884–1915). Novelista inglés, dramaturgo y poeta. *(Páginas 10, 40)*

John Gould Fletcher (1886–1950). Poeta imagista nacido en la ciudad estadounidense de Little Rock, en el estado de Arkansas. Sus poemas se inspiraban en el arte, la filosofía y la música. *(Página 174)*

Eva Gore-Booth (1870–1926). Poeta y teóloga irlandesa. También fue activista política y defensora del derecho al voto de todas las mujeres. *(Páginas 156, 178)*

Lady Augusta Gregory (1852–1932). Escritora y folklorista angloirlandesa. Fue una figura central en el renacimiento literario irlandés de fines del siglo xix. *(Página 98)*

Hannah Griffitts (1727–1817). Escritora estadounidense nacida en Filadelfia, en el estado de Pensilvania. Manifestaba su apoyo a las protestas contra los británicos en la antesala de la guerra de Independencia. *(Página 139)*

Frances Ellen Watkins Harper (1825–1911). Poeta, escritora, oradora, abolicionista y sufragista. Cofundó la National Association of Colored Women's Clubs (Asociación Nacional de Clubes de Mujeres de Color). Fue la primera mujer afroamericana que publicó un cuento. *(Página 162)*

Nathaniel Hawthorne (1804–1864). Autor de la novela clásica estadounidense *La letra escarlata*. *(Página 171)*

William Ernest Henley (1849–1903). Poeta inglés. Empezó a escribir poesía a los doce años, mientras se recuperaba de una cirugía. *(Página 147)*

George Herbert (1593–1633). Poeta y sacerdote. Escribió poemas en inglés, latín y griego. *(Página 86)*

Gerard Manley Hopkins (1844–1889). Poeta inglés y sacerdote jesuita. Gran parte de sus poemas se publicaron muchos años después de su muerte. *(Página 90)*

Reina Isabel I (1533–1603). Reina de Inglaterra y última monarca de la dinastía Tudor. Inspiró a otros escritores de su época, entre ellos William Shakespeare y Edmund Spenser. *(Página 91)*

James Weldon Johnson (1871–1938). Escritor estadounidense y activista por los derechos civiles. *(Página 154)*

Ellen Johnston (c.1835–1874). También conocida como «La chica de la fábrica». Operaba telares mecánicos y escribía poesía en Escocia. *(Página 92)*

Charles Lamb (1775–1834) y Mary Lamb (1764-1847). Fueron hermanos y escritores. Escribieron juntos *Cuentos de Shakespeare*. *(Página 124)*

Letitia Elizabeth Landon (1802–1838). Poeta y novelista inglesa, también conocida como L.E.L. *(Página 136)*

William Langland (c.1330–1400). Autor del poema en inglés medio «Pedro el labrador». *(Página 160)*

D. H. Lawrence (1885–1930). Novelista y poeta inglés. Su novela *El amante de Lady Chatterley* fue objeto de un juicio por obscenidad en 1960 e incluso fue prohibida en algunos países. *(Página 76)*

Emma Lazarus (1849–1887). Poeta judía estadounidense cuyo soneto «El nuevo coloso» está grabado en el pedestal de la Estatua de la Libertad. *(Página 161)*

Henry Wadsworth Longfellow (1807–1882). Prolífico poeta estadounidense nacido en la región de Nueva Inglaterra, conocido como uno de los «poetas de la chimenea». Autor del poema épico *La canción de Hiawatha. (Página 15)*

Amy Lowell (1874–1925). Poeta estadounidense de la región de Nueva Inglaterra que escribía en el estilo imagista. *(Páginas 34, 68, 121)*

Edward Robert Bulwer-Lytton (1831–1891). Escritor y político inglés. Publicó muchos de sus poemas bajo el seudónimo Owen Meredith. *(Página 101)*

Katherine Mansfield (1888–1923). Poeta y cuentista neozelandesa. Sus poemas solían tratar de la búsqueda de la belleza en lo cotidiano. *(Páginas 71, 165)*

Arthur Patchett Martin (1851–1902). Escritor australiano que se desempeñaba como periodista y crítico literario. *(Página 164)*

Edgar Lee Masters (1868–1950). Conocido por la *Antología de Spoon River*, que contiene poemas en verso libre sobre la vida en el campo y los pueblos estadounidenses. *(Página 138)*

Claude McKay (1889–1948). McKay nació en Jamaica y fue una figura central del renacimiento de Harlem, un movimiento literario que tuvo lugar en la Ciudad de Nueva York en la década de 1920. Se nacionalizó estadounidense en 1940. *(Páginas 38, 56, 75, 142)*

Herman Melville (1819–1891). Novelista estadounidense, cuentista y poeta. Autor de *Moby Dick*, que narra la travesía de un barco ballenero. *(Página 14)*

Charlotte Mew (1869–1928). Poeta inglesa nacida en Londres que sufría de problemas de salud mental y soledad. Sus poemas fueron aclamados por la crítica. *(Página 32)*

Alice Meynell (1847–1922). Escritora inglesa y defensora de los derechos de la mujer. *(Página 87)*

Edna St. Vincent Millay (1892–1950). Una de las poetas líricas más importantes del siglo xx. Destacaba por la cautivadora forma de recitar su poesía. *(Páginas 82, 106)*

John Milton (1608–1674). Poeta inglés del siglo xvii. Autor de *El paraíso perdido*, que trata del relato bíblico de la caída del hombre. Siguió escribiendo mediante dictado tras perder la vista. *(Páginas 60, 134)*

Lucy Maud Montgomery (1874–1942). Escritora nacida en la Isla del Príncipe Eduardo, en Canadá. Autora de la serie de novelas *Ana, la de Tejas Verdes. (Páginas 70, 118)*

E. Nesbit (1858–1924). Escritora y poeta inglesa. Autora del clásico infantil *Los chicos del ferrocarril. (Página 133)*

Arthur O'Shaughnessy (1844–1881). Poeta inglés de ascendencia irlandesa, nacido en Londres. Trabajó en el Departamento de Zoología del Museo Británico. *(Página 11)*

Edgar Allan Poe (1809–1849). Poeta y cuentista estadounidense nacido en Boston, en el estado de Massachusetts. Sus obras conjugaban el misterio y lo macabro. *(Páginas 19, 42, 100)*

Francis Quarles (1592–1644). Poeta inglés nacido en Essex. Su familia llevaba generaciones trabajando para la familia real *(Página 112)*

George Roberts (1873–1953). Poeta y actor irlandés. Cofundó una editorial que publicó libros que formaron parte del renacimiento literario irlandés. *(Página 83)*

Christina Rossetti (1830–1894). Poeta inglesa de la época victoriana sumamente reconocida. Hermana de Dante Gabriel Rossetti. *(Páginas 59, 84)*

Dante Gabriel Rossetti (1828–1882). Poeta y pintor inglés. Hermano de la poetisa Christina Rossetti. *(Página 39)*

Sappho (c.610–750 a. C.). Poeta griega de cuyas obras solo sobrevivieron fragmentos. Se la considera una de las poetisas líricas más importantes de la Antigüedad. *(Página 39)*

Sir Walter Scott (1771–1832). Escritor escocés nacido en Edimburgo, prolífico y sumamente conocido. *(Página 58)*

William Shakespeare (1564–1616). Dramaturgo, poeta y actor inglés considerado el escritor más importante de la lengua inglesa. Autor de *Romeo y Julieta, Macbeth* y muchas otras obras de teatro. *(Páginas 54, 65, 78, 116, 177)*

Mary Wollstonecraft Shelley (1797–1851). Novelista inglesa conocida por su novela gótica *Frankenstein*. Hija de Mary Wollstonecraft, una de las primeras feministas, y esposa del poeta Percy Bysshe Shelley. *(Página 74)*

Sir Philip Sidney (1554–1586). Poeta, académico, soldado y cortesano de la corte isabelina. *(Página 69)*

Edmund Spenser (1552–1599). Poeta inglés que escribió durante el reinado de la reina Isabel I. Autor del poema épico *La Reina de las Hadas*. *(Página 62)*

Sara Teasdale (1884–1933). Poeta lírica estadounidense nacida en la ciudad de St. Louis, en el estado de Misuri. Se mudó a la Ciudad de Nueva York en 1916. *(Páginas 57, 63, 77, 95, 113, 152)*

Alfred, Lord Tennyson (1809–1892). Poeta laureado durante el reinado de la reina Victoria. *(Página 107)*

Henry David Thoreau (1817–1862). Filósofo, poeta y naturalista estadounidense. Autor de *Walden, la vida en los bosques,* en el que relata la vida sencilla que llevó en una cabaña junto al lago Walden, en Concord, Massachusetts. *(Página 66)*

Edith Wharton (1862–1937). Nació en Nueva York y fue la primera mujer que ganó el Premio Pulitzer por su novela *La edad de la inocencia,* un retrato de la vida de la clase alta en la década de 1920. *(Página 172)*

Phillis Wheatley (1753–1784). Mujer esclavizada que fue la primera autora afroamericana en publicar una antología de poesía. *(Página 22)*

Walt Whitman (1819–1892). Uno de los poetas más influyentes de la literatura estadounidense. Fundó su propio periódico siendo adolescente. *(Página 169)*

Ella Wheeler Wilcox (1850–1919). Poeta y periodista estadounidense. *(Página 158)*

Oscar Wilde (1854–1900). Poeta y dramaturgo oriundo de la ciudad irlandesa de Dublín. Defensor del arte por el arte. Wilde estuvo dos años preso por indecencia grave cuando la homosexualidad constituía un delito en Gran Bretaña. *(Página 122)*

Virginia Woolf (1882–1941). Miembro del Círculo de Bloomsbury, un grupo de escritores ingleses. Utilizaba la técnica del monólogo interior en sus novelas. *(Página 153)*

Dorothy Wordsworth (1771–1855). Hermana de William Wordsworth y autora de diarios reconocidos que se publicaron después de su muerte. *(Página 168)*

William Wordsworth (1770–1850). Uno de los poetas lakistas ingleses. Escribía sobre la relación entre las personas y la naturaleza. *(Página 26)*

Sir Thomas Wyatt (1503–1542). Poeta, político y embajador inglés. Estuvo preso por un breve periodo en la Torre de Londres, acusado de haber cometido adulterio con Ana Bolena. *(Página 96)*

W. B. Yeats (1865–1939). Uno de los poetas irlandeses más importantes del siglo xx. *(Página 20)*